JN058006

認知

著　情報文化研究所
（米田紘康／竹村祐亮／石井慶子）
監修　高橋昌一郎　國學院大學教授　情報文化研究所所長

事典

行動経済学・統計学・情報学編

フォレスト出版

監修者まえがき ——「認知バイアス」を理解して「騙し」に打ち勝つ！

新たな3つの学問分野からのアプローチ

2021年4月に『情報を正しく選択するための認知バイアス事典』（情報文化研究所著・高橋昌一郎監修）を上梓（じょうし）した。

驚いたことに、現時点で第11刷が発行され、10万部に迫るという思いもしない大反響をいただいている。何よりも、まずは「認知バイアス」に興味や関心を抱いてご購読くださった読者の皆様に厚く御礼を申し上げたい。

前掲書では「論理学」「認知科学」「社会心理学」という3つの学問分野から「認知バイアス」にアプローチした。続編に相当する本書では、**「行動経済学」「統計学」「情報学」**の3つの学問分野から新たなアプローチを試みている。続編といっても、本書は完全に独立した項目群で構成されているので、本書1冊だけを読んでいただいても何ら問題はない。

ただし、どちらから先に読んでいただいても構わないので、**もし2冊を読破していただければ、読者は6つの学問分野における広大な「認知バイアス」の全体像を掴（つか）める**はずである。

すでに前掲書でも述べたが、一般に「バイアス（bias）」とは、織り目に対して斜めに切った布の切れ端のことで、そこから「かさ上げ・偏り・歪（ゆが）み」を指すようになった言葉である。よく耳にする「バイアスが掛かっている」という言い方は、「偏った見方をしている」ときに使う。

「認知バイアス（cognitive bias）」とは、偏見や先入観、固執断定や歪んだデータ、一方的な思い込みや誤解などを幅広く指す言葉として使用され

るようになったわけである。

本書の執筆は、情報文化研究所の研究員であり、各々の専門分野で大活躍している若手研究者の米田紘康氏（行動経済学）、竹村祐亮氏（統計学）、石井慶子氏（情報学）の3氏に依頼することにした。

いわゆる「認知バイアス」に分類される用語は数百以上存在するが、意味や用法が曖昧であったり、重複した意味内容であったりするものも多い。私たちは、何度もミーティングを重ねて、3つの専門分野で必要不可欠な20項目を厳選し、合計60項目にまとめた。

本書の特徴は、いわゆる「事典」のようにABC順に項目を並べるのではなく、わかりやすい項目から徐々に理解を深められるように執筆者が各章を構成し、読者が楽しみながら読み進められるように工夫した点にある。

読者対象としてイメージしたのは、大学に入学したばかりの新入生である。もし本書を大学の「行動経済学基礎」「統計学入門」「情報学概論」のような講義で教科書・副読本として採用していただければ、前期15回・後期15回の合計30回の講義に各回2項目ずつ進行する60項目となるはずである。

もちろん、大学生ばかりでなく、どんな読者にも読みやすくするように、さまざまな工夫を凝らしてある。「項目」は、できる限り見ただけで内容が浮かび上がるような表現を生み出して、「学術名称」「英語名称」と区別した。「関連」項目は、幅を広げすぎないように関係の深い項目に絞ってある。「参考文献」は、さらに興味を持った読者のために、引用文献に加えて推薦図書も含めてある。

自分を誤った方向に導かないために

さて、読者は「無駄遣い」をしているだろうか？

「いや、そんなことはない」とお答えの読者もいるかもしれない。

ここで読者の居住空間をよく見渡してほしい。部屋の戸棚や引き出し、玄関やベランダ、衣装ケースや冷蔵庫の中……。特に必要のない物品を購入していないだろうか？

旅行先で入手した包装も解いていないお土産、テレビのコマーシャルにつられて購入したダイエット器具、スーパーから持ち帰ったまま消費期限切れになって捨ててしまった食品の数々……。旅に出て高揚した気分、テレビの司会者のセールス・トーク、店の「半額セール」の安さに目が眩(くら)んで、つい買ってしまった商品の数々ではないだろうか？

これらは、本来は必ずしも必要のない「予定外の出費」だったはずである。つまり「自分は絶対に無駄遣いしない」と信じている人々が、実際には、数えきれないほど多くの「無駄な出費」を繰り返していることがわかるだろう。

実は、ここからが大事な点なのだが、「無駄遣いをしている」という事実を指摘されても、おそらく多くの読者は大して後悔しないだろう。というのは、人間には「自分のとった行動を正当化して、後悔しそうなシーンを無意識的に避けようとする」という**「後悔回避」**の傾向があるからだ。

このような人間の「認知バイアス」は、詐欺や霊感商法の「騙(だま)し」に頻繁に用いられる。

特に**本書の「行動経済学」「統計学」「情報学」に関わる「認知バイアス」は、読者を誤った方向に導いて「具体的に損をさせる」可能性が高い点に注意してほしい。**

本書は、読者が無駄遣いを繰り返さず、ウソの統計に騙されず、情報を妄信しないために、大きな効果を発揮するに違いない（逆に、くれぐれも悪用しないようにお願いしておきたい）！

本書が、読者の「認知バイアス」理解ばかりでなく、人生を豊かにするためにお役に立つことを願っている。最後に、読者に、次の3つの質問を考えてみてほしい。

- 膨大な情報に流されて自己を見失っていませんか？
- デマやフェイクニュースに騙されていませんか？
- 自分の頭で論理的・科学的に考えていますか？

本書を読み終えた読者は、これらの3つの質問に「イエス」と答えられるはずである！

2022年11月15日

國學院大學教授・情報文化研究所所長　高橋昌一郎

もくじ

第 I 部 認知バイアスへの行動経済学的アプローチ

第 II 部 認知バイアスへの統計学的アプローチ

第III部 認知バイアスへの情報学的アプローチ

カバーデザイン　山之口正和（OKIKATA）
本文デザイン　山之口正和＋齋藤友貴（OKIKATA）
イラスト・図版作成　富永三紗子
DTP　フォレスト出版編集部

第 I 部

認知バイアスへの行動経済学的アプローチ

「悪銭身につかず」「安物買いの銭失い」
「勘定合って銭足らず」「時は金なり」……
日々、お金に頭を悩ませている私たちを
戒める言葉は数多いが、
それでもお金をドブに捨てるような行為を
繰り返してしまう。
もしかしたら、私たちに無駄遣いをさせ、
時には破滅に向かわせる、
「見えざる手」が存在しているのではないか?
第I部ではその正体を探っていく。

「ピザ」と10回言った後に、ひじを見て「ひざ」と言ってしまうカラクリ。

アンカリング

Anchoring

意味 ある答えに誘導してしまう、何らかのきっかけによって生まれた情報のこと。

関連 フレーミング効果（→54ページ）、利用可能性ヒューリスティック（→178ページ）

思考を一点に釘付けにする錨

数学の授業や雑学の本で、次のような問題を見たことはあるだろうか。

0.1mmの紙を100回折り曲げると、どれくらいの厚さになるか？

これは数学の指数計算（同じかけ算を繰り返す計算）の代表的な問題だ。1回折り曲げると0.1mm × 2 = 0.2mmになり、2回折り曲げるとその倍の0.1mm × 2 × 2 = 0.1mm × 2^2=0.4mm になる。ということは100回折り曲げると、0.1mm × 2^{100} になる。途中の計算は省略して結果だけ記すと1.27 × 10^{23} km になる。数字の大きさにピンとこないかもしれないが、0が23個続く距離である。ちなみに1億kmで0が8個で、地球から太陽までの距離は約1.5億kmである。

これほどの厚さを想像できただろうか？　0.1mmという薄さに意識が

引っ張られて、100回折り曲げてもせいぜい数十cm程度だろうと考えた人もいるはずだ。このように**本質的ではない、もしくは無意味な情報が判断を左右する効果**を**アンカリング**という。まるで船の錨（アンカー）のように、思考を一点に釘付けしているようなイメージだ。

質問の順番で答えが変わる

アンカリングを理解するために、次の実験を見てみよう。参加者を2つのグループに分け、次の2つの問題を瞬時に計算させた。

① 1 × 2 × 3 × 4 × 5 × 6 × 7 × 8=
② 8 × 7 × 6 × 5 × 4 × 3 × 2 × 1=

2つの式は数字の並びが違うだけで、答えは同じになることに気づくだろう。計算すると、当然どちらも同じ「40320」になる。

しかし、参加者たちの答えは違った。参加者が解答した値の平均は①が「512」、②が「2250」だった。これは最初に見た数値が大きいと、大きな数のかけ算をしているように感じるためだと考えられる。

次に、参加者に以下のような質問をした実験を見てみよう。

Q1　あなたは幸せですか？
Q2　最近、あなたはどれくらいデートをしましたか？

結論からいうと、Q1とQ2の間の相関は低く（相関係数0.11）、Q1の幸福度が高いからといって、デートの回数が多いという関係は見られなかった。ところが、質問の順番を逆にすると、相関関係は高くなった（相関係数0.62）。本来、幸せであるかどうかは、デートの有無だけで決まらないはずだが、直近のデートの頻度が回答に影響を与えているのだ。これはデートの有無を思い出して、幸福度を評価したからだと解釈できる。

アンカリング効果の例

45分遅刻します

45分も遅刻するな！

45分で到着

1時間遅刻します

急いだんだな……

45分で到着

「1時間」がアンカリングになり、それを基準に評価が変わる。

1時間後

早い

遅い

プライミング効果の例

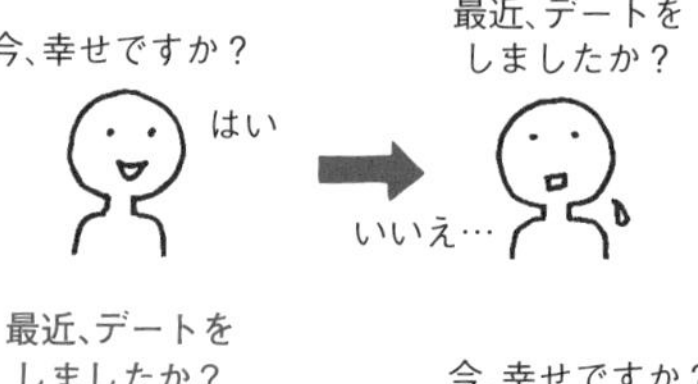
今、幸せですか？
はい
最近、デートをしましたか？
いいえ…

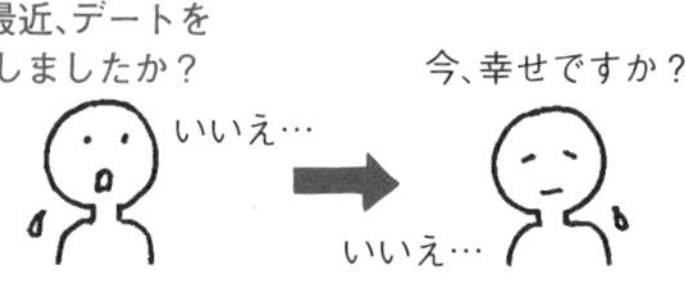
最近、デートをしましたか？
いいえ…
今、幸せですか？
いいえ…

デートをしていないことがプライミング（選考刺激）になり、不幸に感じてしまう。

情報を引き出すきっかけとは？

前項のようなアンカリング効果が発生する要因は何だろうか。

1つは答えを導くにあたって調整が不十分だったということだ。かけ算の例がこれに該当する。**私たちは自信を持って答えることができないとき、最初に提示されたそれらしい情報や数値を起点（取っ掛かり）として答えを見いだそうとする。**そしてその起点こそがアンカーとなる。

もう1つはデートの質問のように、**暗示的側面によってアンカーに何らかの意味を持たせようとする**ことだ。そのきっかけになるものを**プライミング（先行刺激）**という。たとえば英語圏の場合、「洗う」という単語や印象を一度持ってしまうと「SO□P」の空欄にAを入れてSO🄰P（石鹸）と完成させてしまう。「食べる」というプライミングの場合だと、SO🅄P（スープ）になる。非常に単純だが、あるきっかけによって特定の情報が引き出されやすくなるのだ。

聞き方というフレーム（枠組み）が回答に影響を与えるという点では、フレーミング効果の一種ともいえるだろう。

無駄遣いを防いでくれる反対のアンカー

店頭や広告に記された「本日限り」「希望小売価格」「概算見積」なども、アンカリング効果を生み出す要素だ。景品表示法に反する表示は許されないが、販売側はお買い得が際立つように奮闘する。

私たちが買い物に失敗しないためにできる対策は、まずはそれらのアンカーが妥当ではない理由を自分で考えることだ。しかし、アンカリングは強力に意思決定を正当化しようとするものなので手強(てごわ)い。

もう1つは少し極端だが、反対のアンカーを自分で設定することだ。

たとえば通常価格2万円のものが特別価格1万円だと非常に安く感じて買ってしまうが、通常価格が7000円だったと思い込んでみよう。もしその商品が品薄などにより1万円になっていたら買うだろうか。それでも買うなら、1万円で買う価値があるかもしれない。逆に購入をためらうようであれば、考え直すべきということになる。

参考文献

Daniel Kahneman, "Thinking, Fast and Slow," 2011.［ダニエル・カーネマン（村井章子訳）『ファスト&スロー：あなたの意思はどのように決まるのか？』早川書房、2012年。］

Matteo Motterlini, "Trappole Mentali," Come Difendersi Dalle Proprie Illusioni E Dagli Inganni Altrui, 2008.［マッテオ・モッテルリーニ（泉典子訳）『世界は感情で動く：行動経済学からみる脳のトラップ』紀伊國屋書店、2009年。］

Richard Thaler, Cass Sunstein, "Nudge:Improving Decisions About Health, Wealth, and Happiness," Penguin Books, 2009.［リチャード・セイラー、キャス・サンスティーン（遠藤真美訳）『実践 行動経済学』日経BP、2009年。］

高橋昌一郎『感性の限界』講談社（講談社現代新書）、2012年。

これまでかけたお金、時間、努力を捨てることができるのか?

サンクコストの誤謬

Sunk Cost Fallacy

意味 すでに投入した回収不可能なコストを回収しようとする不合理な判断。

関連 自信過剰(→26ページ)

食べ放題でコスパを考える愚

食べ放題は、まったく食べなくても大量に食べても料金は同じだ。固定された料金なので、安心して好きなものを好きなだけ食べて、満足すればいい。それが本来の食べ放題の楽しみ方だ。

しかし、中には食べ放題で後悔する人がいる。その原因は、支払った代金分、あるいはそれ以上を食べようとするも、何らかの理由によってそれが叶わなかったからだ。自分の好みで食べるものを決めればいいのに、最近では原価率の高さで選ぶ人もいるそうだ。

サンクコストの誤謬(ごびゅう)とは、このように**一度支払って戻ってこない費用に固執するあまり、合理的な判断ができないこと**を指す。

意思決定に影響を与えてしまうサンクコスト

サンクコストとは、すでに支払ってしまっていて取り戻すことができな

サンクコストが意思決定を悩ませる

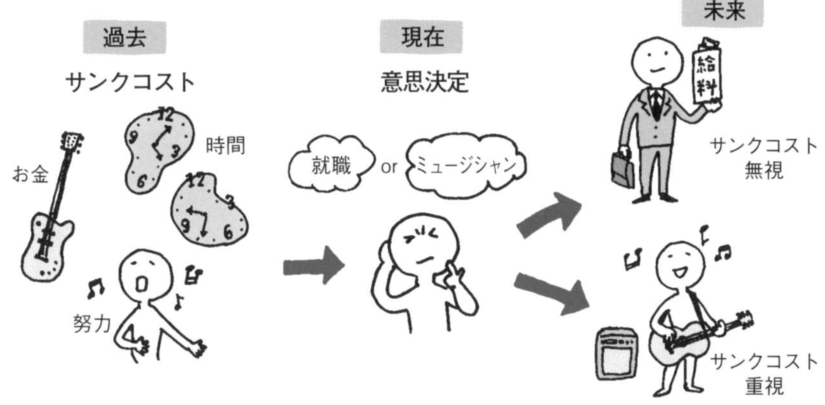

い費用のことだ。ここで言う「取り戻すことができない費用」とは、厳密には容易に返金・転用・売却することができないもののことだが、一般的にはすでに支払ってしまった費用を指すことが多い。

ビジネスの場合は研究開発費、新規参入するための調査費用、テナント賃料そして光熱費の基本料金のような固定費用に相当する。一方個人の場合は、スポーツジムの年会費や昔購入した高価な衣類などが代表例だ。

ところが**経済学においては、このようなサンクコストは今後の判断材料として考慮すべきでないとされている。**それはなぜだろうか。

ランチタイムに閑散(かんさん)としているレストランが店を開けている理由を単純化して考えよう。

レストランは店を開けても開けなくても、また来客数に関係なくテナント賃料や光熱費の基本料金などがかかる。これは固定費用であり返金されないので、サンクコストである。だから少ない来客数でも、材料費やアルバイトの給料といったサービスと連動する費用を回収できる売上があれば、営業したほうがいい。逆に材料費やアルバイトの給料も払えないほど客数が見込めないと予想すれば、「準備中」とすればよい。

つまり、店を開けても開けなくてもサンクコストは必ず負担することになるので、判断の決め手にならない。だからサンクコストは無視して、それ以外の要素で損得を判断すべきということだ。

これはどのノートパソコンを購入するか悩んでいるとき、重さが同じであれば、ブランド、デザイン、機能性など、他の要因が決め手になる状況と似ている。何を重視するかは消費者の好みだが、もはや重量は選択に関係ないことがわかるだろう。

撤退、中止、変更、解約を選択肢に入れよう

しかしながら、現実にはこれまで投入した費用を取り戻そうと考えてしまう結果、合理的でない判断をしてしまうことが多々ある。

たとえば、これまで膨大な研究開発費を投入してきた超音速旅客機コンコルド計画や多数の犠牲者を出したベトナム戦争、アフガニスタン紛争などが挙げられる。特に後者の戦争の場合、「兵士の死を無駄にしないために……」と部隊を戦地へ送り続けた結果、泥沼化した。こうした発言から、これまで投入した取り戻せない戦費や犠牲に注意が向いていることがよくわかる。

もう少し身近な話題だと、冒頭の食べ放題の野望もそうだが、他にもチケットを購入して映画を見始めたものの内容がつまらなかったとき、もっと楽しいことをしようと途中で退席できるかどうか。昔、高値で掴んだゴルフ会員権が暴落した現在でも、元を取り返そうと数万円の年会費を払ってプレーしていないだろうか。ディスカウントストアで有名なコストコやアマゾンプライムの年会費を取り戻そうと、買い物をする理由を正当化していないだろうか。

経済学的な視点で考えれば、映画がつまらなかったらすぐに席を立ち、ゴルフ会員権を売却し、無理に買い物をしないことが正解になる。つまらない本を買ってしまったときも同様、さっさと放り投げたほうがいい。

戻ってこない費用を取り返すことを考えるのではなく、**撤退、中止、変**

更、解約という選択肢を考慮に入れて有益な方法を検討すべきだろう。

スーパーマーケットの半額シールを見習おう

サンクコストの誤謬が起こる原因はいくつか考えられる。

損失・失敗として認めたくない、今後の進展に楽観的、あるいはあまり深く考えないようにしているなどの惰性によるものである。しかし、そうはいってもなかなか難しい。なぜなら、官僚や一流企業でもこの呪縛から解放されないからだ。

そこで考え方の1つとして、閉店間際のスーパーマーケットで見られる生鮮食品やお惣菜の特売を見習ってほしい。

店側としては、食材を仕入れた時点でサンクコストだ。調理や加工をしたら返品不可能なので、売れ残った段階で損失確定となる。だからスーパーマーケットは定価で売れ残るよりも、サンクコストに固執せず、破格で処分する。これは仕入れ分の回収をあきらめて、加工賃の一部でも回収しようとしているわけだ。

参考文献

Olivier Sibony, "You're About to Make a Terrible Mistake: How Biases Distort Decision-Making and What You Can Do to Fight Them," Little, Brown Spark,2020.［オリヴィエ・シボニー（野中香方子訳）『賢い人がなぜ決断を誤るのか?』日経BP、2021年。］

Richard Thaler, "Misbehaving: The Making of Behavioral Economics," W. W. Norton & Company, 2015.［リチャード・セイラー（村井章子訳）『行動経済学の逆襲』早川書房（ハヤカワ文庫NF）、2019年。］

大竹文雄『行動経済学の使い方』岩波書店（岩波新書）、2019年。

クレジットカードの利用が上手な人、下手な人の違いがここにある!?

メンタルアカウンティング

Mental Accounting

意味 最終的な支出は変わらないにもかかわらず、心の中で目的別、トピックごとに予算分けしていること。

関連 フレーミング効果(→54ページ)

何のために心の中で予算分けをするのか？

現金での支払いが当たり前だった時代は、多くの家庭が生活費を習い事の月謝、ガス代、貯金などの使いみちごとに封筒などに入れて家計の管理をしていた。現在は口座引き落とし、クレジットカードや電子マネーでの支払いが増えているので、そうした生活費の管理法は減っているだろう。

一方、会社のような組織では、かつての生活費のように部門や使用目的ごとに予算を設定している。その理由は、もし組織全体が1つの財布を使っていたらどうなるかを考えてみるといい。特定部門が最初に大きな支出をしてしまうと、他の部署は困る。また、お互いに気を使って、自由に予算の執行ができないということもあるだろう。したがって、ある程度予算を小分けしておくことで、予算内かつ目的どおりである限り、スピーディーにお金を動かすことができるのだ。

しかし、問題点もある。それは部門間の融通がきかないことだ。お金には、代替可能性という性質がある。たとえば複合機リース代に支払うお金を給料として渡しても、もちろん買い物ができる。ところが、この代替可能性を無視して、しっかり予算を設定し、融通しにくくしているわけだ。

実は私たちも**心の中でしっかり予算を分けている。**これをメンタルアカウンティングという。

メンタルアカウンティングの概念図

あなたならどうする？　もう一度買う、買わない？

ある実験でメンタルアカウンティングの存在を顕在化させた、以下の2つの質問とその結果を見てみよう。

Q1　あなたは、ある映画を見に行くことを決めました。前売り券（10ドル）を購入しましたが、入り口でチケットを紛失したことに気づきました。あなたは改めて当日券を買いますか？

Q2　あなたは、ある映画を見に行くことを決めました。当日券は10ドルです。チケットカウンターで支払おうとすると、財布の中から現金10ドルがなくなっていました。あなたはそれでも当日券を買いますか？

Q1の場合、46%の人が再度購入すると答えた。一方、Q2では88%の人が購入すると答えている。どちらも20ドルの支出であることは変わらないが、答えがずいぶん異なる。この違いを探ると心の中にある家計簿、つ

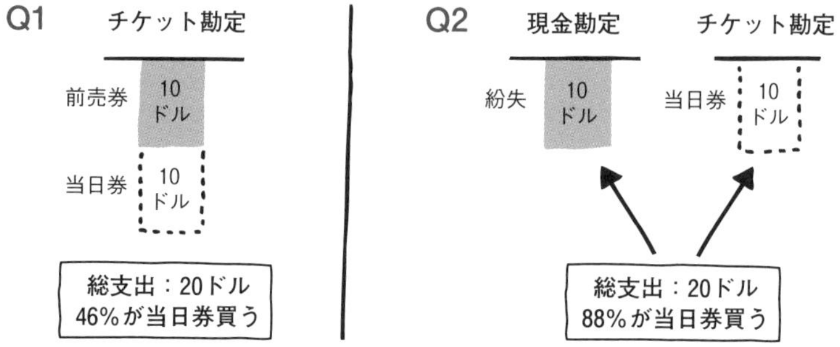

まりメンタルアカウンティングが登場する。

Q1の場合、チケット購入に10ドル費やしたうえに、もう1枚購入するハメになる。つまり1つの映画を見るのに、通常の2倍の額を要した。

Q2は同じ総支出20ドルでも、内訳が異なる。現金とチケット代にそれぞれ10ドル支出したわけだ。これは各予算項目から10ドルが減ることを意味する。したがって、20ドルで映画を見ることになったという事実は変わらないが、心の帳簿ではチケットには10ドルしか支払っていないことになる。本来であれば、総合的に考えて支出は変わらないが、実際はトピックごと、項目ごとに判断しているわけだ。

私たちが総額だけで判断していないことがわかる実験を示そう。Q3とQ4において、店員のアドバイスを受けて、参加者にどのような行動をとるかを聞いた。自分だったらどうするか考えながら読んでほしい。

Q3　125ドルのジャケットと15ドルの電卓を購入しようと考えています。すると店員が、「車で20分ほどかかる別店舗では電卓が10ドルで買える」と教えてくれました。あなたは別店舗へ買いに行きますか？

Q4　125ドルの電卓と15ドルのジャケットを購入しようと考えています。すると店員が、「車で20分ほどかかる別店舗では電卓が120ドルで買える」と教えてくれました。あなたは別店舗へ買いに行きますか？

気になる実験結果は、Q3では68%の人が別店舗へ行くと答えたのに対して、Q4では29%に留(とど)まった。別店舗へ行くと、どちらも総支出が140ドルから135ドルになるが、総額ではなく、何か別の要因が影響を与えていると見ることができるだろう。

この2つの質問は電卓が15ドルから10ドルになるか、125ドルから120ドルになるかの違いだ。つまり、15ドルの電卓が10ドルで買えることはうれしいが、125ドルが120ドルになってもあまりうれしくないということになる。総合的に考えればどちらも5ドルの支出を抑えることができるのに、商品個別の損得で判断している。

メンタルアカウンティングを利用した貯蓄

人間は総合的に判断しないから「愚かだ」と考えるのは少し待ってほしい。**この個別で判断してしまうバイアスを逆に利用することもできる。それが貯蓄だ。**

総合的に考えれば、必要なものを購入した残りが貯蓄となる。しかしそれでは自分の中で理由をつけたり、思わぬ出費に充てたりすることになりかねない。したがって、貯蓄を手の届くところや生活費と同じ口座で管理することは危険だ。対策としては、口座引き落としによる積立が有効だ。困ったときにはキャッシュカードで簡単に引き出し可能だが、貯蓄用として明確に分離することで、他の勘定科目よりも「簡単に取り崩してはいけない勘定科目」として認識できるので、貯蓄に失敗する可能性を減らすことができるのだ。

参考文献

Daniel Kahneman, "Thinking, Fast and Slow," 2011.[ダニエル・カーネマン(村井章子訳)『ファスト&スロー:あなたの意思はどのように決まるのか?』早川書房、2012年。]

Richard Thaler, "Misbehaving: The Making of Behavioral Economics," W. W. Norton & Company, 2015.[リチャード・セイラー(村井章子訳)『行動経済学の逆襲』早川書房(ハヤカワ文庫NF)、2019年。]

川西諭『知識ゼロからの行動経済学入門』幻冬舎、2016年。

竹村和久「経済心理学:行動経済学の心理的基礎(心理学の世界 専門編)」培風館、2015年。

自信過剰は判断を誤りやすい半面、新ビジネスを生み出すためには必要かも。

自信過剰

Overconfidence

意味	明確な根拠があるわけでもないのに、自分の判断や決断に自信があること。
関連	

「自分は自信過剰ではない」と思っている人は…

成功するかどうか根拠がないのに、「大丈夫だ」とやたら前向きに物事を進めようとする人がいる。頼もしさはあるものの、危なっかしさも感じる。物事をじっくり考えてから行動するような人からすれば、なかなかついていく気になれないはずだ。

あなたもまわりから、同じように思われていないだろうか。もし、「いや、私はそういうタイプじゃないから大丈夫」と思ったとしたなら、あなたはやはり**自信過剰**な傾向がある人なのかもしれない。

あなたは誰かと永遠の愛を誓ったことはあるだろうか。2022年に報告された厚生労働省の調査によると、同居期間5年以内のカップルが2020年の離婚件数の約3割を占めているという。これを多いと思うか少ないと思うかは判断が難しいが、少なくとも本人たちは永遠の愛を誓った時点では離婚など予想していなかったことだろう。

研究者の約半分は自信過剰!?

多くの人が自信過剰に陥っていることを示すデータは枚挙にいとまがないが、調査や実験によって明らかになった事例を紹介しよう。

まず、アメリカ人の88%は、自分の運転技術が上位50%に入っていると回答した（Svenson,1981）。別の調査では、経営学を学ぶビジネススクールの学生の95%が、自分の成績が上位50%に入っていると思っていた（Moore & Healy, 2008）。これらはどう考えても、辻褄が合わない。なぜなら1つ目の質問で100人中88人、2つ目の質問で95人が、それぞれ上位50人に入ることは不可能だからだ。

かくいう研究者も人のことはいえない（Thaler & Sunstein, 2008）。ある教授が同僚の研究者に「自分の能力は上位50%に入っていると思うか？」と尋ねたところ、94%が「はい」と答えてしまった。このように**多くの人は、自分が優れていると思い込む**傾向がある。

自信過剰の例としてよく取り上げられる「過度の正確性」という実験がある。被験者は10問の質問に対して9問正解するように指示される。出題内容はナイル川の長さやモーツァルトの生まれた年など数値で答える形式だ。解答は、ピンポイントの数値ではなく、範囲で答えてかまわない。つまりナイル川の全長を問う問題に「3000 ～ 4000km」と記入してよい（正解は6650km）。モーツァルトの生まれた年を問う問題には、「0 ～ 2022年」と書けば間違いなく正解になる（正解は1756年）。問題にはいくつかバージョンがあるが、概ね正解数は3 ～ 6問であった。この実験からわかることは、9問正解するためには範囲を広くすれば正解するにもかかわらず、自分の知識を過信するあまり、自ら範囲を狭めたということだ。

「過度の正確性」に関する問題例　何問解ける？

Q 1　ビートルズは何曲録音した？〈A：304〉
Q 2　エベレストの高さは？〈A：8848m〉
Q 3　聖書（旧約と新約）は全部で何巻？〈A：66 巻〉

Q４　ミュンヘンからニューヨークまでの飛行距離は？〈A：6483km〉
Q５　ナイル川の長さは？〈A：6650km〉
Q６　日本はいくつの島で構成されている？〈A：6852〉
Q７　ジョージ・W・ブッシュは何代目のアメリカ大統領？〈A：第43代〉
Q８　アインシュタインは何歳まで生きたか？〈A：76歳〉
Q９　ロシア皇帝エカチェリーナ２世の愛人の人数は？〈A：22〉
Q10　出生時、人体を構成する骨の数は？〈A：270〉

参考：Christopher Weilage, "I Rocked It the Last Ten Times, and I' ll Rock It Again, Because I Simply Rock!", Munish Business School insights.

自信がある人の半分は失敗する

もちろん、ビジネスや金融の世界でも、多くの人が自分の能力を過信していることがわかっている。

アメリカでスタートアップ企業が5年後に生き残る確率は約35%といわれているが、自社の成功率を尋ねると81%の起業家は成功率70%以上と回答する。33%の人は成功率100%と豪語するほどだ。つまり**自信がある人たちの半分は、自分が失敗することに気づいていない。**

そもそも自信過剰は、予測困難で結果がすぐ判明しない事例で起きやすい（Einhorn,1980）。その点では、株式市場は良い研究材料だ。電話による取引からインターネット取引へ移行したときの投資家行動を観察すると、電話取引時代には運用成績が良かった投資家がネット取引になると成績が悪化したことがわかった。これは膨大な投資情報に触れたことで、自身がプロの投資家になったように錯覚したために取引が大胆になったことと、手数料が安くなったことで取引回数が増えたことが原因とされている。

根拠のない自信を確信に変えよう

自信過剰は、必ずしも悪いものではない。

たとえば、**ベンチャー企業のように誰も挑んだことがない分野や領域を切り拓くことができたのは、ある種の自信過剰の賜物（たまもの）ともいえる**からだ。

	自信過剰でも許される場合	自信過剰では危ぶまれる場合
ポイント	自分でコントロール可能なもの	自分でコントロールできないもの
例	売上目標、企画立案	将来の金利、為替、経済状況、競合企業の動向

目標明確化、士気向上、新ビジネスの開拓などにつながる。	できるだけ中立な判断と複数のシナリオが必要。

自己責任で対処できる範囲内であれば、根拠のない自信で突っ走ることも、長い人生において必要なこともあるだろう。思いがけず大きな果実を得ることができるかもしれないし、失敗もまた成長の糧になるからだ。

では、会社や社会の集団の一員としての立場においてはどう振る舞えばいいか。集団の中においても、自分自身でコントロールできることについては、少々の自信過剰は許される。これは組織として目標の明確化や士気を引き上げることにもつながるからだ。

一方、自分自身の裁量でコントロールできないことについては、できるだけ中立的に判断するしかないだろう。為替や金利、競合企業の動向などは中立な想定、あるいは複数のシナリオが必要になる。そうした行動の積み重ねが、「根拠のない自信」を「確固たる自信」に変えるはずだ。

参考文献

Max Bazerman and Don Moore, "Judgement in Managerial decision Making," John Wiley and Sons, 2002.［マックス・ベイザーマン、ドン・ムーア（長瀬勝彦訳）「行動意思決定論：バイアスの罠」白桃書房、2011年。］

Hillel Einhorn, "Overconfidence in Judgement," New Directions for Methodology of Social and Behavioral Science, 1-16, 1980.

Daniel Kahneman, "Thinking, Fast and Slow," 2011.［ダニエル・カーネマン（村井章子訳）『ファスト&スロー：あなたの意思はどのように決まるのか?』早川書房、2012年。］

Don Moore and Paul Healy, "The Trouble with Overconfidence," Psychological Review, 115, 502–517,2008.

Ola Svenson, "Are We All Less Risky and More Skillful Than Our Fellow Drivers?," Acta Psychologica, 47,143-148, February 1981.

Richard Thaler, Cass Sunstein, "Nudge: Improving Decisions About Health, Wealth, and Happiness," Penguin Books,2009.［リチャード・セイラー、キャス・サンスティーン（遠藤真美訳）『実践 行動経済学』日経BP、2009年。］

オリヴィエ・シボニー（野中香方子訳）『賢い人がなぜ決断を誤るのか?』日経BP、2021年。

自分を高めてくれる強力なライバルや他人からの視線について。

ピア効果

Peer Effect

意味 仲間や同僚の存在が成績や生産性に影響を与える効果。

関連 観察者効果(→250ページ)

パフォーマンスを上げる他者の「まなざし」

学校や職場には優秀な成績の人もいれば、なかなか成果を出せない人もいる。あなたはどちらの人に影響を受けるだろうか。有能な人が同じ職場に入ってきたときのことを想像しよう。有能な人に仕事を任せて、あなたは楽をするか。それとも負けないように、よりいっそうがんばるか。

仲間や同僚の仕事ぶりやパフォーマンス(成果)が、他の人に影響を与えることをピア効果(**同僚効果**)という。限られた人材を有効に活用することが求められる企業では、このような問題は非常に重要になる。

人が、他人のパフォーマンスにどのように影響を受けているかを示す、アメリカのスーパーマーケットのレジで行われた実験を紹介しよう(Mas & Moretti, 2009)。

レジは一列に同じ方向を向いて並んでいる。したがって、レジスタッフAの視線の先には、同僚Bの背中が見えている。同僚Bは仕事が早いので、

「見る」より「見られる」がパフォーマンスを変える

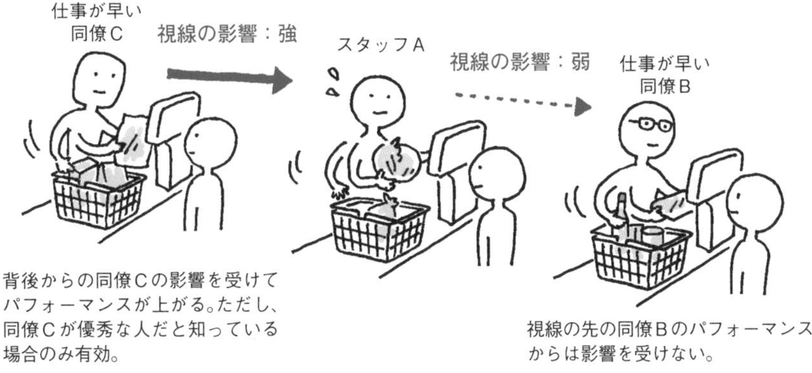
仕事が早い
同僚C
視線の影響：強
スタッフA
視線の影響：弱
仕事が早い
同僚B
背後からの同僚Cの影響を受けてパフォーマンスが上がる。ただし、同僚Cが優秀な人だと知っている場合のみ有効。
視線の先の同僚Bのパフォーマンスからは影響を受けない。

客の商品をどんどん処理している状況がしっかりわかる。このとき、スタッフAは同僚Bの仕事ぶりに感化されて仕事が早くなるだろうか。

残念ながら、スタッフAの仕事の質は変わらなかった。むしろ、スタッフAの仕事ぶりに影響を与えたのは、視線の「先」ではなく「背後」に配置された有能な同僚Cであった。これは**有能な人に見られているというプレッシャーが努力水準を引き上げた**と考えられる。

この効果を得るためには、自分の背後に有能なスタッフがいることを事前に知っている必要がある。背後に優秀な同僚がいても、それに気づいていなければ効果はなかった。研究結果によると、同僚が10%多く仕事をこなすと、他のスタッフは1.5%ほど効率がアップすると推定している。

スポーツにはライバルは必要ない!?

前項の実験では、有能な同僚の存在が自分のパフォーマンスを向上させることを示しているが、同じことはスポーツにもいえそうだ。強力なライバルの存在は、自分を高める起爆剤になることは、あらゆるスポ根漫画の定石でもある。

では、日本の小学生から高校生までの100m自由形のデータをもとにピア効果を検証した実験を参照してみよう（Yamane & Hayashi, 2015）。

水泳におけるピア効果の実験

隣が見えない背泳ぎでは
ピア効果は確認されず。

自分より遅い人が隣の場合、速く泳げた。
反対に自分よりも速い人が隣の場合は遅くなった。

力の拮抗したライバルの存在が必要!?

自由形では、自分より遅い人が隣のレーンにいる場合、両隣に誰もいないときと比べて速く泳げた。ところが、自分より速い人が隣のレーンにいる場合は、遅くなってしまった。選手情報はスタート前に確認できるので、自分よりも遅い選手には負けられないと考えたと思われる。

ちなみにこの実験では、隣のレーンの様子が確認できない背泳ぎでも行われたが、ピア効果は見られなかった。

なぜ、レジ打ちの実験では有能な同僚の影響を受けたのに、スポーツにおいてはそれがなく、しかも自分よりもパフォーマンスが劣った者に影響を受けたのか。ピア効果については明らかになっていない部分が多いが、プレッシャーの与え方や感じる状況が影響しているかもしれない。

実業団スポーツは所属従業員に影響を与える?

レジ打ち実験や競泳の研究では、影響を与える人と受ける人の距離が非常に近いものであった。では、実業団スポーツ選手のように、1日数時間の通常勤務を一般従業員と行い、その後でトレーニングに専念する人たちが職場に与える影響についても考えてみよう。

企業が実業団スポーツに期待するものとして、社員の健康増進、広告効果、CSR（企業の社会的責任）、そして社員の帰属意識の向上などがあるが、ここでは帰属意識の向上に注目したい。

同じ会社の従業員である選手やチームが試合やレースで活躍すると、従業員間の一体感が生まれて労働意欲が向上するのだろうか。

企業スポーツに力を入れている自動車メーカーの従業員へアンケート調査を行った研究がある。この企業の強化チームである野球、ラグビー、駅伝の試合結果が、一般従業員の労働意欲に変化をもたらすか5段階評価で質問した。チームが勝ったときには、従業員は喜び、労働意欲が向上した。逆に負けたときには、怒ることはなく労働意欲も低下しなかった。そして従業員の年齢が上がると、勝利が労働意欲向上につながる確率が0.7%高まることがわかった。これは高年齢になれば長年勤務している可能性があるので、会社に対する帰属意識が高くなったと考えられる。

では、選手と同じ部署で働く人たちに限定すれば、その成果はさらに高まるのではないだろうか。調査によると、同僚選手が試合に勝った場合、意欲が向上すると答える確率が10%以上高まった（ラグビーは約14%、野球は約17%、駅伝は約11%）。負けても、同僚従業員の意欲に低下は見られなかった。負けても寛容的な態度であることから、**勝ち負けよりもがんばっている姿に共感している**ように考えられる。

個人の成果は個人がつくり出すものであるという考え方もあるが、会社のような組織であれば、チーム全体として成果を上げる必要がある。同僚のがんばりが他の従業員へ波及する効果が期待できるピア効果は、組織マネジメントや生産性向上を考えるうえで今後ますます注目される。

参考文献

Alexandre Mas and Enrico Moretti, “Peers at Work,” American Economic Review: 99, 112-145, 2009.

Shoko Yamane and Ryohei Hayashi, “Peer Effects among Swimmers,” Scandinavian Journal of Economics: 117,1230-1255, 2015.

大竹文雄『行動経済学の使い方』岩波書店（岩波新書）、2019年。

大竹文雄『あなたを変える行動経済学：よりよい意思決定・行動をめざして』東京書籍、2022年。

佐々木勝『経済学者が語るスポーツの力』有斐閣、2021年。

イヤミな上司のあの発言……。後から言うのは、そりゃ簡単でしょ。

後知恵バイアス

Hindsight Bias

意　味　結果を知った後に、あたかも知っていたと認識すること。あるいは、当初の考えを修正すること。

関　連　アンカリング（→14ページ）、自信過剰（→26ページ）

「いつかあの人は○○すると思っていました」

期待した結果が得られたときは、「私はあなたを信じていた」「私の言ったとおりだ」などと思う反面、裏切られたときは「だから無理だと言ったじゃないか」「他に誰か適任はいなかったのか」などと言い出す。

このように**結果を知った後では、あなたもしくは他の人（たとえば組織の上司など）は世界観を修正してしまう。**これを**後知恵バイアス**という。「いや、私はそのようなことはない」と思っている人もいるかもしれないが、これはかなり強力なバイアスなので見くびらないほうがいい。

スポーツ観戦で、あなたのイチ押し選手が登場したときに「頼むぞ、この選手ならやってくれる」と期待するも、結果がふるわなかったら「肝心なときにいつも失敗する選手なんだよ」と手のひらを返した反応をしたことはないだろうか。まったく現金なものである。

極めつけは、凶悪犯の自宅周辺や関係者へのインタビューで見られる

後知恵バイアスあるある

「私は、いつかあの人は○○すると思っていました」だ。できれば事件が起こる前に、教えてほしかったものだ。

このように結果を知った後だと、多くの人は言いたい放題になる。

後知恵バイアスに影響するアンカリング

多くの人は、自分を未来予知ができる預言者か何かだと思っているのだろうか。後知恵バイアスに関する実験結果を見ると、そう思わずにはいられなくなる。

46人の実験参加者に推理作家アガサ・クリスティが書いた作品数を予測させた。すると、実験参加者の平均値は51作品であった。後日正解が66であることを伝え、自身の回答した値を思い出してもらった。すると彼らが答えた値の平均は63まで上昇してしまった。当初の回答を正解に近づけてしまったわけだ。

東西冷戦の真っ只中（まっただなか）で米中関係が悪化していた1972年、リチャード・ニクソンがアメリカ大統領として初めて中国を訪問するということで注目が集まっていた。そこで訪中前に外交交渉で起こると思われる内容を15項目用意し、実験参加者にそれぞれが実現する可能性を回答させた。会談終了後に自分が予想した確率を思い出させると、ニュースで流れた内容については高い確率を、起こらなかった項目に関しては低い確率を答えた。

この後知恵バイアスは、アンカリングで説明ができる。

アンカリングでは、自分の予想を答えにまったく関係のない数字などに近づけてしまうバイアスだったが、後知恵バイアスの場合は正解や、与えられた情報に考えを寄せてしまう。起点としてしまう情報は真逆ではあるが、そのメカニズム自体は同じであることはわかるだろう。

後知恵バイアスが引き起こす残念な現実

後知恵バイアスの問題点は、過去から学ぶ姿勢や能力が低下することだ。結果から原因を推定、あるいは結び付けることは一見正しい試みであるし、「歴史から学ぶ」という点では、それが有効なのは正しい。しかし、その危険性についても知らなければならない。

2001年9月11日にアメリカ同時多発テロが発生した。このテロに限らず情報機関は常に多くの情報を収集し、分析している。しかしテロが起こった後に、「犯行数カ月前に犯人であったアラブ出身者が、飛行機の操縦訓練を受けていた」と報道されると、まるでテロの予兆がすでに知られていたかのように、情報機関の不手際だと指摘されてしまった。

犯人が訓練を受けていたのは確かに事実である。しかし、その時点で本当にテロを防ぐことができただろうか。もし訓練を拒むような対応をしていたら、人権や人種などの別の問題に発展していたかもしれない。被害の甚大さを考えればそれもやむなしという向きもあるだろうし、誰かに責任を負わせて決着させたいと思うのもわかる。ただし、少なくとも犯人の飛行訓練に関わった者、あるいは情報機関に責任がないことは冷静に考えればわかるだろう。

このように強力な後知恵バイアスは、意思決定する人の能力や評判、評価に影響を与えてしまう。**決断を下した状況やプロセスよりも、結果だけが重視されてしまうと、意思決定する人は萎縮（いしゅく）してしまう**のだ。

すると、リスク回避的になり、法律や組織内の規定・マニュアルに従うようになる。たとえ「お役所仕事」だと批判されようと、自分に責任が被(かぶ)されることを回避することができるからだ。

医療の現場でも問題になる。たとえ適切な治療を行っても医療訴訟をされるようであれば、検査を増やす、専門医を紹介するという行動が増えてしまう。特に産婦人科医療は深刻だ。他の診療科目と比較して訴訟リスクが高いために、医学部生や研修医は進路として産婦人科医を敬遠する傾向があるといい、医療の現場では産婦人科不足が問題となっている。

答えや結果を知った後では、当初の判断や決断を正しく思い出すことが難しくなり、誰もが評論家に変身しやすくなる。しかし、この「後出しジャンケン」のリスクについても心しておきたい。

後知恵バイアスが組織を萎縮させる

最初から失敗すると
思ってた！
チャレンジしろと
言ってたのに…

参考文献

Max Bazerman and Don Moore, "Judgement in Managerial decision Making," John Wiley and Sons, 2002.［マックス・ベイザーマン、ドン・ムーア（長瀬勝彦訳）『行動意思決定論:バイアスの罠』白桃書房、2011年。］

Daniel Kahneman, "Thinking, Fast and Slow," 2011.［ダニエル・カーネマン（村井章子訳）『ファスト&スロー:あなたの意思はどのように決まるのか?』早川書房、2012年。］

Matteo Motterlini, "Economia Emotiva." Che Cosa Si Nasconde Dietro i Nostri Conti Quotidiani,2008.［マッテオ・モッテルリーニ（泉典子訳）『経済は感情で動く:はじめての行動経済学』紀伊國屋書店、2008年。］

Eldar Shafir, "The Behavioral Foundations of Public Policy," Princeton Univ Press, 2012.［エルダー・シャフィール（白岩祐子/荒川歩訳）、『行動政策学ハンドブック:応用行動科学による公共政策のデザイン』福村出版、2019年。］

友野典男『行動経済学 経済は「感情」で動いている』光文社（光文社新書）、2006年。

目の前の報酬に飛びつく人が「単純な人」、それを自覚する人が「賢明な人」。

現在バイアス

Present Bias

意味	遠い将来のことでは忍耐強い判断ができるが、近い将来のことでは衝動的な判断をしてしまうこと。
関連	符号効果（→74ページ）

意思決定に常に影響を与える「時間」

翌年の受験のために恋愛禁止を自分に課して勉強に集中するか、それとも今しか味わえない青春を謳歌（おうか）するか。もう少し年配向けだと、年金を65歳から受け取るのかそれとも繰り下げて増額してもらうのか。意思決定には、常に「時間」という概念はつきものだ。

上記のような選択を少し難しい表現で**異時点間選択**といい、簡単にいうと現在を好むのかそれとも将来を好むのかという選択になる。

これはどちらかが正しくて、もう一方が不正解という類のものではない。

しかし、極端に目先のものを選ぶ傾向の弊害は容易に想像できるだろう。暴飲暴食や過度な飲酒喫煙が健康を害する、あるいは浪費することで老後の生活が困窮する可能性がある。

目の前の報酬に飛びつく人はハトやラット？

次のような2つの選択肢が提示されたとする。あなたはどちらのほうがうれしいだろうか。

① 今すぐ1万円もらう。
② 1週間後に1万100円をもらう。

では、次の選択肢の場合はどうだろうか。

③ 1年後に1万円もらうことができる。
④ 1年と1週間後に1万100円がもらえる。

概ね最初の質問では、今すぐの1万円を好む傾向がある。それに対して2つ目の質問では、1年と1週間後の1万100円を選ぶ傾向がある。2問とも1週間で金利1%という有利な条件にもかかわらず、近い将来の意思決定では早く受け取れる報酬を選択し、遠い将来の選択では遅く受け取れる報酬を選択する。つまり**直近の選択ではせっかちだが、将来の選択では忍耐強いということ**である。これが**現在バイアス**である。

この状況はモノの見え方に置き換えることができる。自分の視線の先に木が2本あるとする。木の高さを金額、自分と木の距離を時間だと想像してほしい。1つ目の質問は、低い木の近くに立っている状況である。ここから2本の木の高さを比較する

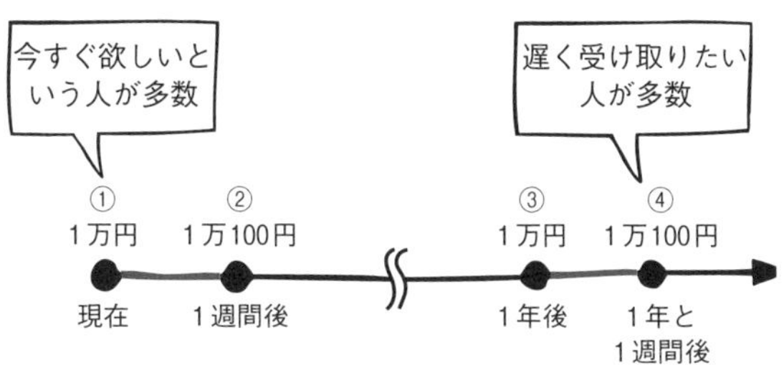

同じ高さ(金額)でも、距離(時間)によって見え方が変わる

近くのものが大きく感じる

遠くのものが大きく感じる

と、手前の低い木が奥の高い木よりも大きく見えてしまう。一方、2つ目の質問ではさらに1年後の状況なので、遠目から2本の高さを比較することができる。そうなると、遠くの大きい木がはっきり確認できる。

これは遠くに3000m超の富士山があっても、目の前に一軒家があれば隠れてしまう状況と同じである。ということは、数十年後に必要となる貯蓄の重要性がわかっていても、やはり目の前の誘惑に負けてしまうということである。このような**目の前の報酬に飛びついてしまう傾向は、ハトやラットのような動物でも確認されている。**

目先の報酬に目がくらむ私たちはどうするべき?

目先の報酬に飛びついてしまう傾向は、多くの人が持っている。自分でも自覚している人もいるかもしれない。そこで2つの方法を提案したい。

まず大前提として、自分が現在バイアスを持っていることをしっかり自覚することである。行動経済学では自覚できる人を**「賢明な人」**、自覚がない人を**「単純な人」**と表現する。後者のような人はそもそも対策をしようと考えないので、改善することは難しい。

もう1つは自分で自分を縛る**コミットメント**だ。経済学に限らずビジネ

スの分野でもよく利用される言葉で、「約束」をもっと強力にしたニュアンスで使われる。

たとえば、古代ギリシアの長編叙事詩「オデュッセイア」における主人公オデュッセウスの行動が、まさにコミットメントだ。トロイア戦争でギリシア軍に勝利し、帰国する航海中のことだ。そこには、怪物セイレーンという美しい全裸の美女が美声で誘惑し、魅了されて近づいていくと難破してしまうと恐れられていた。オデュッセウスは事前に警告を受けていたので、帆柱に体をくくりつけ、仲間の耳を蜜蝋で塞（ふさ）いで難を逃れることができた。

ダイエットの場合、コミットメントを達成するための1つの方法として、買い置きをしないことが挙げられる。大量にストックすると、中程度のストックと比べて購入後8日間は2倍の速さで消費してしまうからだ（Chandon & Wansink, 2002）。

他にも長期の目標を分割するという手もある。たとえば課題の締め切りを分割することによって、遅延やミスが少ないことが知られている。

自分で自分を縛るだけでなく、他人に縛ってもらう方法もある程度有効だろう。たとえば目標達成できなかった場合、罰金や罰則を受けるなどだ。ただ、注意すべきことがある。「嘘ついたら針千本飲ます」とはいうものの、実際にそんなことはできない。つまり**実行不可能、あるいは実行者が躊躇（ちゅうちょ）するような約束はコミットメントとして効果を持たない。**厳しすぎず優しすぎず、約束を破ったら機械的に執行される罰則が適している。

参考文献

Pierre Chandon and Brian Wansink, “When Are Stockpiled Products Consumed Faster? A Convenience-Salience Framework of Post-Purchase Consumption Incidence and Quantity,” Journal of Marketing Research: 44, 84-99, 2002.

Eldar Shafir, “The Behavioral Foundations of Public Policy,” Princeton Univ Press, 2012. ［エルダー・シャフィール（白岩祐子/荒川歩訳）『行動政策学ハンドブック：応用行動科学による公共政策のデザイン』福村出版、2019年。］

大竹文雄『行動経済学の使い方』岩波書店（岩波新書）、2019年。

ピアーズ・スティール（池村千秋訳）『ヒトはなぜ先延ばしをしてしまうのか』CCCメディアハウス、2012年。

友野典男『行動経済学 経済は「感情」で動いている』光文社（光文社新書）、2006年。

同じ金額でも、もらうときのうれしさよりも、
失うときのダメージが大きい。

損失回避性

Loss Aversion

意　味　利得よりも損失のほうが心理的な影響度が大きいため、損失を回避もしくは最小化する傾向。

関　連　フレーミング効果（→54ページ）

もらえるときのうれしさと、失うときのダメージ

損失回避性とは、その名のとおり**損失を回避する傾向のこと**である。一見すると、当たり前のように思える。なぜなら、人は心地よいものはできるだけ多く、不快なものは極力少なくしたいと考えるからだ。

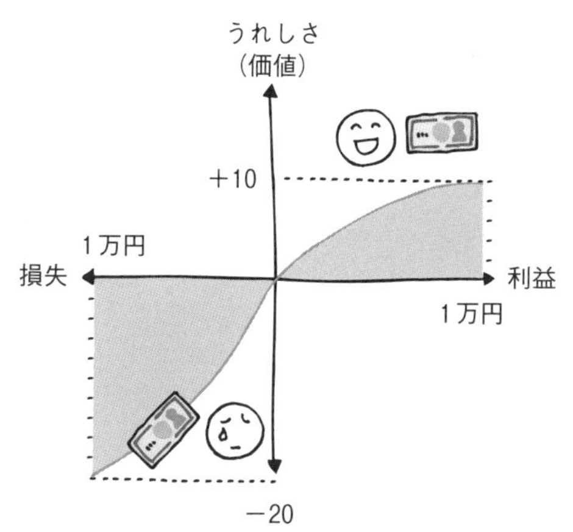

損失回避性とは、価値関数の特徴の1つである。価値関数は、報酬を受け取ったり失ったりしたときの主観的価

値を求める式である。

たとえば、1万円をもらったときのうれしさを+10だったと仮定する。では1万円を失ったときはどうなるだろうか。1万円をもらったときの嬉しさがそのまま消失と考えれば－10となりそうだ。しかし、**人間が感じる心理的なダメージは、もらえるときの1.5～2.5倍ほどある**という（Novemsky & Kahneman, 2005）。つまり、－20くらいになってしまう。だから、私たちは損失を回避しようと意識するわけだ。

人間の本質を見せる実験

損失のときはもらうときの2倍ツライといわれても、ピンとこない人は、次のような問いに答えてほしい（Thaler, 2019）。

300ドルを所有している状況で、2つのくじから1つを選ぶ。

くじAは確実に100ドルもらえるが、くじBは確率50％で200ドルがもらえる（ハズレると何ももらえない）。あなたはどちらのくじを行うだろうか？

このようなお金がもらえる局面（利得局面）では、約7割の人が前者を選んだ。では、次の選択肢だったらどうだろうか。

500ドルを所有している状況で、2つのくじから1つを選ぶ。

くじCは確実に100ドルを失うが、くじDは確率50％で何も失わない（ハズれると200ドルを失う）。

この損失局面では約6割の人がくじDを選んだ。みすみす100ドルを失うことは避けたいので、勝負に出たのかもしれない。

注目すべき点は、どちらの局面も最終的な収支は同じであるにもかかわらず、回答が逆転していることだ。

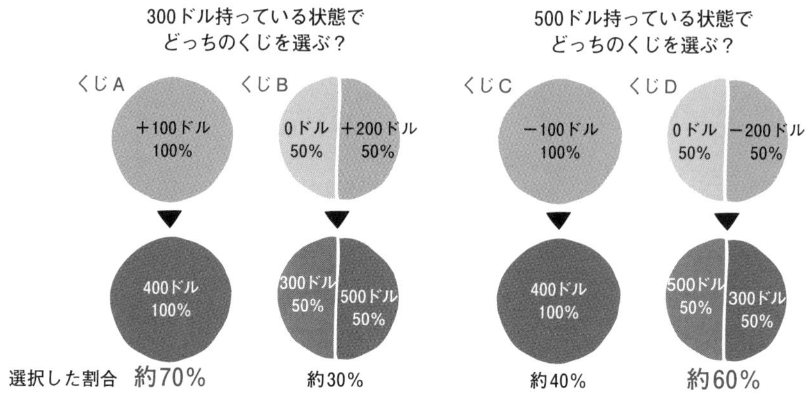

いずれの選択肢においても最終的な収支は同じだが、
選択した割合はほぼ真逆の結果に。

攻めの姿勢を失わせるシチュエーション

損失回避の傾向は、スポーツの場面でも現れる。

典型的なのはゴルフだ。各ホールには距離に応じて規定打数が3～5に設定されていて、規定打数と同じであればパー、1打少なければバーディー、1打多ければボギーという。優勝するためには、バーディーは多く、ボギーは少なくする必要がある。この関係は利得と損失と同じ構造である。

アメリカのプロトーナメントの250万を超えるパットを分析した研究によると、ゴルフでも損失回避は観察されている。バーディーが懸かっているパッティング（バーディーパット）では、パーパットと比べてボールが

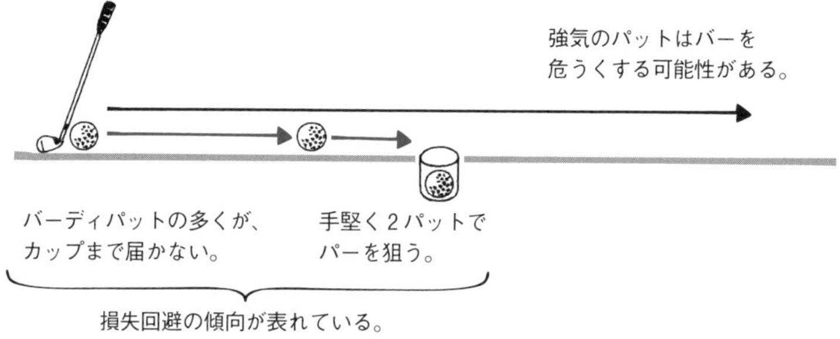

カップまで届かないことが多いとわかった（カップまでの距離など諸条件を考慮して分析している）。これはバーディーではなく、2パットで確実なパーを狙ったと解釈できる。

本気でバーディーを狙っているのであれば、最低でもカップまで届く距離を打たなければならない。ところがそれを意識するあまり強気のパッティングでは、外した後のパッティングが厳しくなる。つまりパーも危うくなる。それを避けるために、手堅く2パットにしているというわけだ。

開封率を大幅アップさせた仕掛け

フレーミング効果の節でも触れた東京都八王子市の大腸がん検診など、損失回避性は政策に応用されるケースが多い。

神奈川県横浜市でも同様に、2019年に特定保健指導案内の封筒の開封率を向上させるために、封筒の表に「この利用券を使わないと、健康保険支援プログラムが無料で受けられない」ことを強調した。それ以外にもデザインやレイアウトの工夫も行ったので、損失回避だけの効果とはいえないが、開封率が20%から75.9%まで向上している。

香川県ではHPV（ヒトパピローマウイルス）ワクチンの接種率を向上させるために、「自ら問い合わせないと、無料接種のための問診票がもらえない」ことを明記した。これも損失を強調する仕掛けである。

今後、さまざまな分野で利用されるバイアスの1つである。

参考文献

Nathan Novemsky and Daniel Kahneman, “The Boundaries of Loss Aversion,” Journal of Marketing Research: 42, 110-128, 2005.

Richard Thaler, “Misbehaving: The Making of Behavioral Economics,” W. W. Norton & Company, 2015.［リチャード・セイラー（村井章子訳）『行動経済学の逆襲』ハヤカワ文庫NF、2019年。］

佐々木勝『経済学者が語るスポーツの力』有斐閣、2021年。

特定非営利活動法人Policy Garage『自治体職員のためのナッジ入門：どうすれば望ましい行動を後押しできるか？』公職研、2022年。

村山洋史／江口泰正／福田洋『ナッジ×ヘルスリテラシー：ヘルスプロモーションの新たな潮流』大修館書店、2022年。

99%助かるロシアンルーレットを笑って挑戦できますか?

確実性効果

Certainty Effect

意味 ほぼ確実といわれても、そうは言っても少しばかり不安になるので、確実な選択を好む傾向のこと。

関連 確率加重関数 (→90ページ)

死んでも損したくない人の思考

経済学を含む多くの学術分野で、不確実な状況下での意思決定メカニズムを明らかにしようと試みてきた。これらの研究は、消費者行動予測、迷惑メールの検出、医療診断、自動運転技術などさまざまな分野で活用されている。

不確実性に関する数あるバイアスの中に、**確実性効果**がある。確実性効果とは、**確実な選択、つまりハズレがない選択肢や状況を好む傾向**だ。

一貫性と安定性を失わせる実験

不確実性を理解するために、まずはシンプルなくじを使った実験について考えてみよう。2つの選択肢の中から望ましいものを選んでいただきたい(Bazerman, 2011)。

① 確実に30ドルを受け取るか、確率80%で45ドル（ハズレると0）を受け取ることができる。

② 確率25%で30ドル（ハズレると0）を受け取るか、確率20%で45ドル（ハズレると0）を受け取ることができる。

実験の結果、①では78%が確実な報酬を選択し、②では58%の人が確率20%で45ドルを受け取れる選択肢を選んだ。好みの差はあるが、概ね理解できる結果になっている。

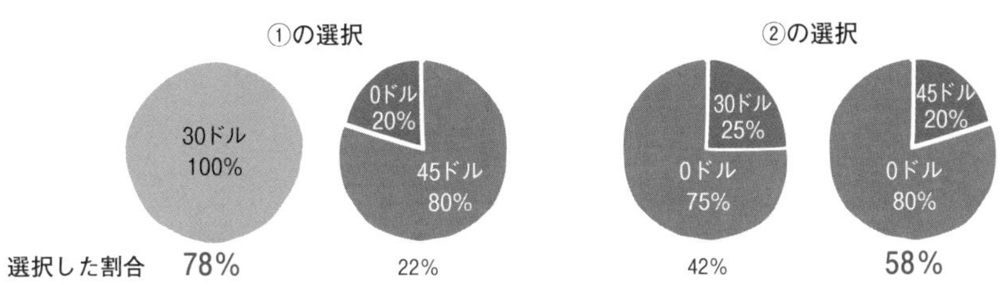

①の質問はわかりやすい。80%で45ドルが当たるとはいえ、確率20%で何も得られない可能性がある。だから、手堅く30ドルを選んだのだろう。②の質問では、20%と25%の違いはほぼないので、高い金額を選んだと考えられる。

質問を個別に分析すると何の矛盾もはらんでいないように感じる結果だが、実は腑に落ちないことがある。ここで簡単な算数を使って説明したい。これらの質問で受け取ることができる金額はどちらも30ドルと45ドルである。次に、お金がもらえる確率に注目すると、①の質問は100%と80%で、②は25%と20%である。②の質問で提示されている確率は、①の質問のちょうど4分の1になっている。

つまり同じ割合で確率が低下しているので、いずれの質問も30ドルをもらえる選択肢のほうが確率は高い。

このように2つの質問では金額と確率の大小関係は変わっていないの

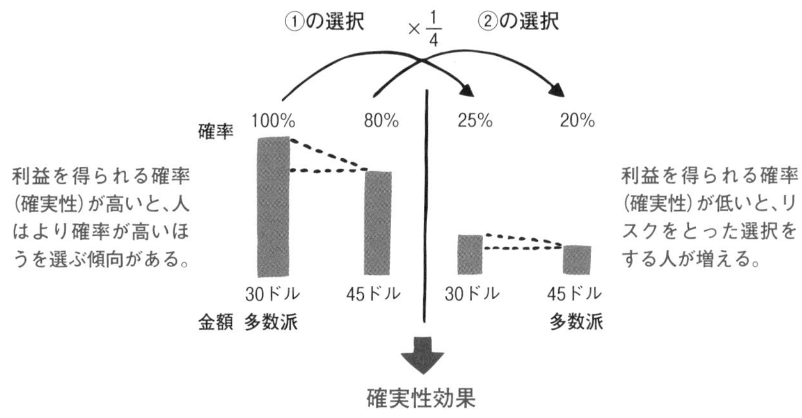

で、確実な報酬を好む人は30ドルを、リスクをとってより高い報酬を好む人は45ドルを選ぶはずである。**リスク下の判断や意思決定は、人々の一貫性や安定性を欠いてしまう**傾向があり、その1つが確実性効果である。

99％助かるロシアンルーレットに挑戦できるか

これまでの実験内容とその結果を見て、まだモヤモヤしているかもしれない。そのような人は、次のような状況をイメージすると100％や確実性というものがいかに特殊なものかわかるだろう。

弾が100発装填できる拳銃でロシアンルーレットをする状況を考えよう。弾は1発だけ入っている。確率99％であなたは助かる。あなたは自信を持って、笑顔で引き金を引くことができるだろうか。

99％とは、「ほぼ間違いなく助かる」確率といってもいいだろう。いざ挑戦するとなると、心中は穏やかではないはずだ。人間は99％でもなかなか安心できない。確かに助かる確率が98％から99％に上がることは喜ばしいが、99％から100％に上がる喜びは格別だ。**100％や確実というのは、それだけ特殊**なのだ。

99%と100%の差に見る確実性効果

この確実性効果は、確実な選択肢を選ぶ傾向があるだけであって、それ自体が悪いわけではない。ただ、確実性効果を持つことを逆手に取って、商売や取引に利用されることに注意したい。

たとえば、民事訴訟で損害賠償を請求するとする。勝つか負けるかわからないときに、相手方からある程度の金額で和解を提案されると、確実性効果の影響で受け入れるかもしれない。また投資案件では「100%安全」「確実に値上がり」というものに怪しさを感じながらも、後ろ髪を引かれてしまう。そして一部の人は、購入や契約に至ってしまう。

確実性効果がなぜ起こるのだろうか。それは提示された確率を人間がそのとおりに受け止めないからだ。先のロシアンルーレットの例でいうと、「99%安全だが、心の中ではどうしても99%とは思えない」ということだ。なお、確率の感じ方については、確率加重関数で詳しく説明する。

参考文献

Max Bazerman and Don Moore, "Judgement in Managerial decision Making," John Wiley and Sons, 2002.［マックス・ベイザーマン、ドン・ムーア（長瀬勝彦訳）『行動意思決定論:バイアスの罠』白桃書房、2011年。］

Daniel Kahneman, "Thinking, Fast and Slow," 2011.［ダニエル・カーネマン（村井章子訳）『ファスト&スロー:あなたの意思はどのように決まるのか?』早川書房、2012年。］

筒井義郎／山根承子『図解雑学 行動経済学』ナツメ社、2011年。

あなたががんばる理由は、報酬の金額か、
あるいは社会からの評価か。

社会規範

Social Norm

意味 自分の損得だけを考えるのではなく、社会や集団のルールの影響を受けてしまうこと。

関連 観察者効果（→250ページ）

世の中、カネだけじゃない

個人の選択は損得で決まるといってよいのだろうか。

「アメとムチ」「馬の鼻先に人参をぶら下げる」などという言葉がある。アメや人参とは、「時給アップするから○○しよう」「契約1本につき、○万円の成功報酬」という囁(ささや)きである。

実は、このような報酬には、あまり効果が見られないケースも多い。なぜなら、人間は自分の利益だけではなく、まわりの人や状況から影響を受けるからだ。

人間は社会的動物なので社会性のある行動を評価し、そのような行動からも評価を得る。したがって、お金を絡ませて何かをさせることが、必ずしも良い結果をもたらすとは限らない。このように**まわりの目、社会の反応の影響を受けること**を**社会規範**という。

お金をチラつかせるとがんばらない

参加者に次のような退屈な作業をさせる実験を行った。

パソコンのモニター上にある図形を、マウスで左から右へたくさん移動させる課題である。お金を渡せば仕事としてある程度がんばってくれるだろうと、金額として5ドルを提示した場合と、50セントを提示した場合の2グループを用意した。それに加えて、研究への協力ということだけを伝えて報酬の話を一切しない3つ目のグループも用意した。

すると結果は、次のようになった。

報酬額	5ドル	50セント	無報酬
移動した図形の数	159個	101個	168個

1つ目と2つ目のグループだけの結果を見れば、報酬と成果に連動することがすぐにわかる。しかし、無報酬の場合は報酬5ドルをより上回る平均168個になった。これは金銭のためではなく、研究へ貢献するという社会規範のために努力したと考えられる。

この実験では報酬として現金を与えたが、私たちは報酬をモノで受け取ることもある。そこで、この実験への報酬を同額相当のお菓子に変更するとどうなるだろうか。

報酬（お菓子）	5ドル相当	50セント相当	無報酬
移動した図形の数	169個	162個	168個

生々しい現金ではなくなったことで社会規範を呼び起こすことに成功し、移動した図形の数が増加した。さらに面白い点は、お菓子の値段はほとんど影響なかった。

これを募金集めに応用した研究がある（Gneezy, 2014）。180人の学生を3つのグループに分けて、募金集めをさせた。1つ目のグループには集めた金額の10%を報酬として与える、2つ目のグループには1%を報酬として与える、そして3つ目のグループには報酬はなく募金や寄付の社会的意義についてみっちりレクチャーした。最終的に、最も募金を集めたのはグループ3で、最も集めなかったのはグループ2であった。

プレゼントと社会規範を使ってドタキャン撲滅

イギリスの病院で行われた、予約診療の当日無断キャンセルを減らす試みを紹介しよう（Martin, et al., 2012）。

受付係が予約希望者に予約日時をメモするように求める。これは自ら約束したことを守ろうとする特性を利用している。これはコミットメントになる（→40ページ）。しかし無断キャンセルが減少しなかった。その原因は、そもそも受付係が患者にメモをとるように言わないことがあったからだ。そこで受付係にお菓子をプレゼントして、患者に予約日時のメモを念押しするように依頼すると、無断キャンセルは3.5％減少した。これは「鶴の恩返し」のように、受付係が良いことには良いことで応えようとした結果である。

さらに追い打ちをかけるように、予約どおりに来院した患者数を院内に掲示した。これによって、正しい行動を取ることが多数派であり、良いことであるという社会規範を意識させたのだ。ちなみにこれらの効果を確認するために、以前の状態に戻すと無断キャンセル率は10.1％まで悪化して

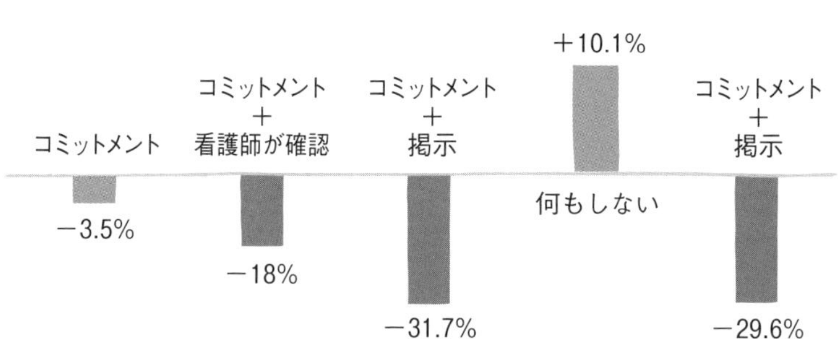

いる。しかし、コミットメントと掲示を再開するとキャンセル率が29.6%も減少したので、取り組みには効果があったといえる。

不快な行動と不快な臭いは同じ

物事を判断するうえで、外的な要因の影響は無視できない。その代表的なものが社会規範だ。違法でなくても社会的に受け入れることができない振る舞いは激しく糾弾（きゅうだん）される。

たとえば不公平な結果は受け入れられない。もし不当な扱いをすれば、その人は他者から互酬（義務としての相互扶助関係）や信頼をされなくなる。

これは近年よく見聞きするコンプライアンスの内容に近い。コンプライアンスとは一般的に「法令遵守」と訳されているが、最近では業界慣行あるいは社会通念上不適切と思われる事例にまで拡大している。

不快な行為は不快な臭いと同じ！

実は、**人は不当な扱いを受けた場合、脳内ではイヤな臭いを嗅いだときと同じ反応を示す**ことがわかっている（Baddeley, 2018）。そう考えると、他者に迷惑をかける行動は控えようとするのではないだろうか。

参考文献

Michelle Baddeley, “Behavioural Economics: A Very Short Introduction,” Oxford Univ Press, 2017.［ミシェル・バデリー（土方奈美訳）『エッセンシャル版 行動経済学』早川書房、2018年。］

Uri Gneezy and John List, “The Why Axis: Hidden Motives and the Undiscovered Economics of Everyday Life,” PublicAffairs, 2013.［ウリ・ニーズィー、ジョン・リスト（望月衛訳）『その問題、経済学で解決できます。』東洋経済新報社,2014年］

Steve Martin, Suraj Bassi and Rupert Dunbar-Rees,“Commitments, Norms and Custard Creams – A Social Influence Approach to Reducing Did Not Attends (DNAs),” Journal of the Royal Society of Medicine: 105, 101-104,2012.

大竹文雄『あなたを変える行動経済学:よりよい意思決定・行動をめざして』東京書籍、2022年。

高橋昌一郎『東大生の論理』筑摩書房（ちくま新書）、2010年。

「糖質20%」よりも「糖質80%OFF」のほうが手に取られる理由。

フレーミング効果

Framing Effect

意味	同じ情報、結果、内容であっても、伝え方や質問表現を変えることで受け手の判断に影響すること。
関連	損失回避性(→42ページ)

マーケティングに必須の知識

人を説得したり、商品をアピールしたり、人に何かをお願いするとき、言い方や相手の主張の聞き方1つで相手の反応はガラリと変わることがある。社内外で生き残るために、これらのスキルが無意識に身についた人もいるかもしれない。

表現の違いだけで選択肢が変わる

このように**同じ情報や内容であっても、伝え方は一通りではなく、さまざまな切り口がある。その設定をフレーム(枠組み)といい、設定次第で意思決定に影響を与える効**

果を**フレーミング効果**という。

フレーミング効果は、行動経済学を紹介する書籍ではほぼ必ず登場する。理由としては非常にわかりやすい効果であるとともに、マーケティングや表示に多く用いられるからだろう。

なぜ同じ内容を伝えても間逆の反応が生まれるのか?

最も有名な「アジア病問題」という実験を紹介する(Kahneman, 2011)。参加者に次のような状況を想定させ、対応を選択させた。

アメリカでアジア病という架空の伝染病が広がりそうだ。何もしなければ600人が死亡する。2つの対策のうち、どちらを採用すべきだろうか。

対策A:200人が助かる。

対策B:確率$\frac{1}{3}$で600人は助かるが、$\frac{2}{3}$で誰も助からない。

結果は、72%の人が対策Aを選択した。ギャンブルよりも確実なほうを選択したといえる。では、次の対策CとDを比較したら、どちらを選ぶだろうか。

対策C:400人が死亡。

対策D:確率$\frac{1}{3}$で誰も死なないが、$\frac{2}{3}$で600人が死亡。

このように聞かれると、78%の人が対策Dを選択した。どちらの質問も同じ内容だが、選択結果は真逆になっている。1つ目の問題には「助かる」というポジティブな表現が使われているのに対して、2つ目は「死亡」というネガティブな表現になっている。

これは価値関数と損失回避性で説明できる。利益が生まれる局面では手堅い選択をし、逆に不利益を被(こうむ)るような局面では確実に損するよりもイチ

メッセージの違いによる受診率の変化

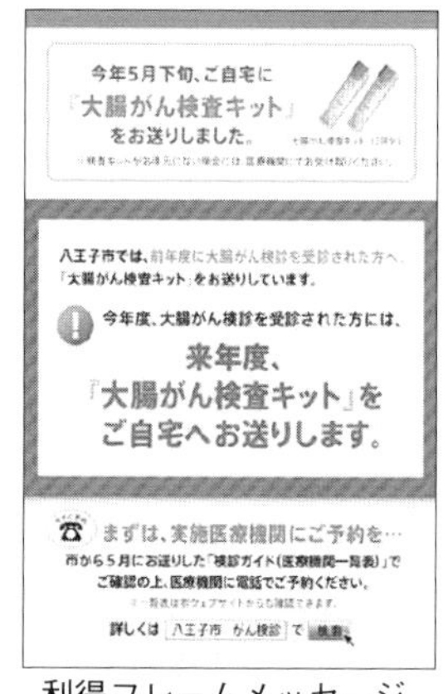

利得フレームメッセージ

受診率：22.7%

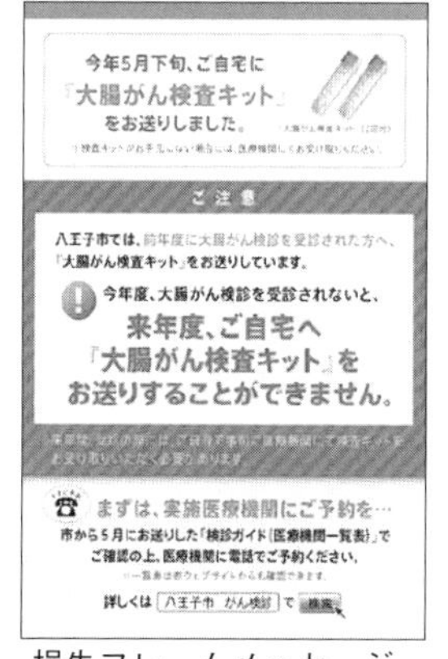

損失フレームメッセージ

受診率：29.9%

かバチかのギャンブルを選ぶ。まさしく、対策AやDが選ばれる状況と同じだ。

東京都八王子市は、この手法を応用して大腸がん検診受診率が向上するか実験を行った。八王子市における死因第1位はがんで、特に大腸がんへの対策が急務だった。また自治体としても、がん患者が減少することは医療費削減の観点からも重要であった。

そこで大腸がん検査キットを郵送する際、どのような通知文が効果的か検証した。1つは「今年度、大腸がん検診を受診された方には、来年度、『大腸がん検査キット』をご自宅へお送りします」、もう1つは「今年度、大腸がん検診を受診されないと、来年度、ご自宅へ『大腸がん検査キット』をお送りすることができません」というものだった。前者の場合、受診率は22.7%、後者は29.9%であった。1枚の通知文だけで、これだけ効果が見られた。

そのとき、頭の中はどうなっている?

ポジティブなフレームのときに手堅い一方で、ネガティブなフレームのときにリスキーな選択を行う。このような判断をするときの脳活動はどうなっているのだろうか。

脳の機能を観察することができるfMRI（機能的磁気共鳴画像法）を用い

た研究によると、前項の対策AやDのような行動を取るときには扁桃体という領域の活動が強くなった（De Martino, 2006）。動物を使った実験結果から、この扁桃体が恐怖やネガティブな結果を回避する行動と関連していることが知られている。その一方で、利益や報酬に反応する報酬系と呼ばれる領域の1つである前帯状回の活動は低下した。

興味深いことに**フレーミング効果の影響を受けなかった合理的な判断ができる人は、理性的な思考処理と関連する眼窩前頭皮質の活動が強かった。**

フレーミングの罠にかからないために

これまで見てきたように、同じ結果でも言い方や見せ方を変えるだけで、人の選択は変わる。

実際に保険や化粧品、健康食品などでは「1日80円で手に入る」などと表示されることがある。そのようなときは、365日換算してみよう。その金額でも買う気があれば問題ない。しかし、もしためらうようであれば、フレーミングの罠（わな）にかかっているかもしれない。

冒頭の実験事例で紹介した対策AとCが、同じ内容であることを確認したからわかるだろう。「1日80円で手に入る」というのは、「年間2万9200円で手に入る」と同義になる。

参考文献

Daniel Kahneman, "Thinking, Fast and Slow," 2011.［ダニエル・カーネマン（村井章子訳）『ファスト&スロー：あなたの意思はどのように決まるのか？』早川書房、2012年。］

Benedetto De Martino, Dharshan Kumaran, Ben Seymour and Raymond Dolan, "Frames, Biases, and Rational Decision-Making in the Human Brain," Science: 313, 684-7, 2006.

Evan Wilhelms and Valerie Reyna, "Neuroeconomics, Judgment, and Decision Making (Frontiers of Cognitive Psychology)," Psychology Press,2014. ［E. ウィルヘルムス／V. レイナ編著（竹村和久／高橋英彦監訳）『神経経済学と意思決定：心理学、神経科学、行動経済学からの総合的展望（認知心理学のフロンティア）』北大路書房、2019年。］

大竹文雄『行動経済学の使い方』岩波書店（岩波新書）、2019年。

高橋昌一郎『感性の限界』講談社（講談社現代新書）、2012年。

飲食店のメニューが多いと、客は選ぶのが面倒くさくなってしまう?

選択肢過剰

Choice Overload

意味 選択肢が豊富であるほど、最適なものが選べると考えるが、実際は選ぶことができない、あるいは困惑する傾向。

関連 限定合理性(→186ページ)

選択肢は多いほど良いわけではない

人生は選択の連続だ。進学、就職、結婚という一大イベントから、どれを買うか、どんな治療を受けるかなど、内容や重要度はさまざまである。

それでもなお、「選択の余地がなかった」という場面もあったことだろう。「選択肢がもっと多くあれば、より良い決断ができたのに」と感じたはずだ。確かに選択肢が1つではYesかNoになるが、2つならば比較が可能となる。3つ以上になると相見積もりのように最良のものが選べる、と考えるからだろう。

残念ながら、豊富な選択肢は必ずしも有益な結果をもたらさない。**過剰な選択肢がネガティブな効果を生み出すこと**を**選択肢過剰**という。

選択肢が多いほど、ネガティブな効果を生み出すというのはピンとこないと思うが、次のシンプルな実験を見てみよう(Iyengar, 2010)。

アメリカの高級スーパーの入り口に、英国王室御用達のジャムを試食するコーナーを設置した。6種類と24種類のジャムを数時間おきに入れ替えて陳列し、集客数を比較調査した。なお、どちらも誰もが好むイチゴやマーマレードという一般的な商品（4種類）は、除外している。試食した客には、このブランドのジャムが1ドル安く買えるクーポンを配布した。その結果は次のようになった

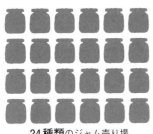

24種類のジャム売り場

集まった人の割合	60%
平均試食数	2種類
試食者数に対する購入者の割合	3%

6種類のジャム売り場

集まった人の割合	40%
平均試食数	2種類
試食者数に対する購入者の割合	30%

これは来客数を1000人とすると24種類の試食客のうち18人しか購入につながらなかったが、6種類ならば120人が購入したことになる。選択肢を減らすことで、約6倍も差がついてしまった。

その理由は、**選択肢や情報が非常に多いため、その中からベストなものを選択する情報の処理ができない、追いつかない**と考えられる。

P&Gがシャンプーを15種類に絞り込んだ理由

金融商品でもジャム実験と同じような結果が見られている。具体的にはアメリカの退職金積立制度（401k）だ。アメリカでは、従業員が給料の一部を老後資金のために中長期的に運用している。税制優遇があるため、多くの人が参加している。日本でも2001年から導入されている。

この401kに参加した人は、どのファンド（投資信託）に投資するかを選

ぶ必要がある。運用会社はさまざまなファンドを立ち上げて提示してくるが、調査してみるとファンド数が増えるにつれて加入率が伸びない。分析結果によると、ファンドが10増えるたびに加入率が2～3%減少すると推定された。原因として考えられるのは、選択肢が多くなると非常に悩んでしまい、しばらく放置することで忘れ去られているからといわれている。

ちなみに1990年代後半、P&Gは商品のシャンプーを26種類から15種類に絞り込んだことで売上を10%上昇させた。ジャム実験が2000年に発表されていることを考えると、優秀といわれるP&Gのマーケターは直感的、あるいは経験的に選択肢を減らすことのメリットを知っていたのかもしれない。

過剰な選択肢から最適解を選ぶ方法

以上のような事例から、選択肢が少ないほど良い結果を生み出すと短絡的に解釈するのは正しくない。

なぜなら、大型ショッピングモールや大型書店などで膨大な商品に囲まれることによって、ワクワクする高揚感を得られることは否定し難いからだ。それに、手広く客を囲い込むには、ニッチでレアな商品を求める人たちへの受け皿も必要になる。

では選択肢過剰に直面したとき、どのように対応すればよいのだろうか。対処法を2つ提案する。

1つ目は、**選択肢が多いことを良いことだと思わないこと**だ。これまで説明してきたことだが、考え方として心がける必要がある。

2つ目は、**専門知識を身につけること**だ。たとえ膨大な情報量や選択肢であっても、豊富な専門知識があれば短時間でパターン化、単純化、分類、絞り込みなどが可能になる。これは知識と長い経験から生まれるものだ。例えるならば、プロ棋士が複数人と同時に勝負する多面打ちをしても、早く決断できる状況に近い。

ただ、私たちはすべての分野の専門家になる時間も余裕もないというの

選択肢に迷わないためには専門知識が必要

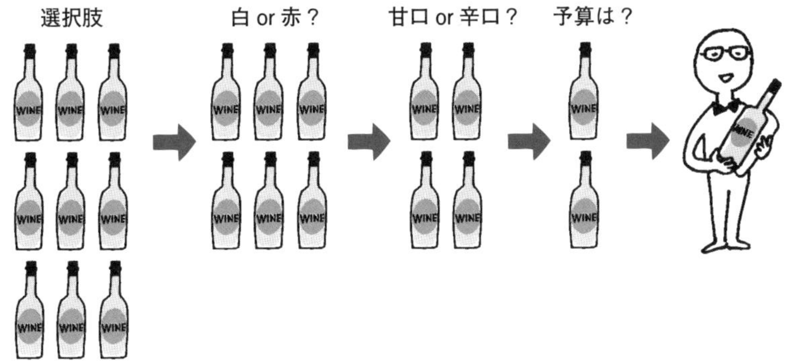

が現実だ。したがって、その道のプロに相談することが、最も早くて最適な選択をする方法になりえる。

拍子抜けするほど頼りない対策だが、重要だ。私たちはコンビニに置かれたビールであれば、ある程度知識があるので簡単に選べる。しかし、ちょっと小洒落(こじゃれ)たレストランでワインを選ぶとなると途端にハードルが上がらないだろうか。それは詳しくないからだ。だから、店員やソムリエにある程度絞り込んでもらったり、オススメを紹介してもらったりする。

しかし注意点もある。それは、相談するプロは信頼できる人に限ることだ。専門知識がない自分に代わって最善の選択をしてくれる人でないと意味がない。**もし代理人（エージェント）が自身やお店側の利益を優先すると、依頼人（プリンシパル）である私たちにメリットはない。**経済学では、このような問題を**エージェンシー理論**で研究している。

参考文献

Max Bazerman and Don Moore, “Judgement in Managerial decision Making,” John Wiley and Sons, 2002.［マックス・ベイザーマン／ドン・ムーア（長瀬勝彦訳）『行動意思決定論：バイアスの罠』白桃書房、2011年。］

Moran Cerf, Manuel Garcia-Garcia, “Consumer Neuroscience,” MIT Press, 2017.［（福島誠監訳／福島誠／大須理英子／辻本悟史訳）『コンシューマーニューロサイエンス：神経科学に基づく消費者理解とマーケティングリサーチ』共立出版、2019年。］

Sheena Iyengar, “The Art of Choosing,” Twelve, 2010.［シーナ・アイエンガー（櫻井祐子訳）『選択の科学』文藝春秋、2010年。］

「終わりよければすべてよし」や「最後の一言で台無し」は真理だ。

ピークエンドの法則

Peak-End Rule

意味 過去の出来事を評価する際に、途中経過よりも「絶頂」と「最後」の印象によって決めてしまうこと。

関連

人をイライラさせるのは渋滞の時間よりも順番!?

私たちは過去の体験を将来の意思決定に生かす。ということは、何らかの経験後に、その出来事をどのように評価するのかが重要になる。たとえばもう二度と経験したくないと感じるのか、あるいはもう一度経験したいと思ったのかどうかだ。

次のような2人の状況を想像してほしい。

Aさんと Bさんはそれぞれ異なる地点から同じ会議に出席するために、タクシーで30分間移動した。

Aさんは乗車直後から20分間渋滞に巻き込まれ、到着間際の10分間はスムーズであった。一方、Bさんの最初20分間は順調だったが、最後の10分間は渋滞に巻き込まれた。

2人とも会議に間に合ったが、イライラしているのはどちらか。

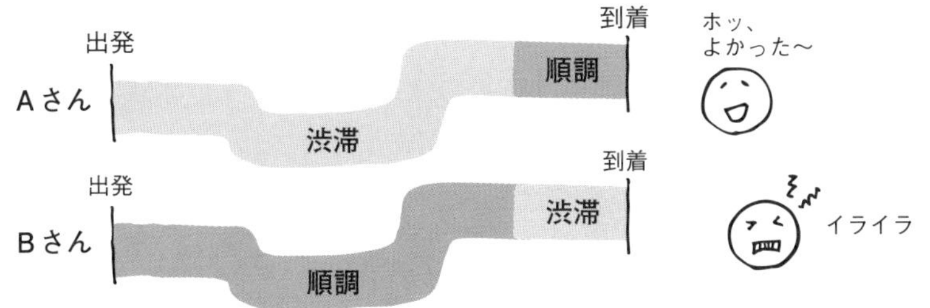

Bさんだろう。このように体験を評価するには、最後をいかに快適に過ごせたかが重要だとわかる。

なぜ、こうした**行動の違いだけで、経験に対する評価が変わってしまう**のだろうか。

「不快感」を評価しているものの正体

経験に対して、人はどのような評価を下す傾向があるかを調べるため、154人に内視鏡検査を行った実験がある（Redelmeier & Kahneman, 1996）。当時は麻酔を使えなかったので、痛みや不快感は計り知れない。実験協力者には検査中の痛みを1分毎に0（痛みなし）から10（強い痛み）で評価させた。検査時間は4～69分まで個人差があった。

次のグラフは、痛みの時間推移を表している。患者Aの検査時間は8分で、痛みのピークは8、そしてその水準のまま終了している。一方患者Bの検査時間は24分。痛みのピークは中盤で、痛みの程度は8。しかし、痛みが少なくなるように終了している。

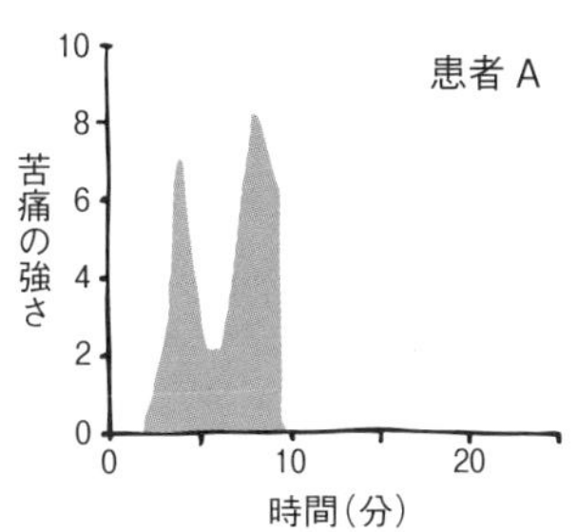

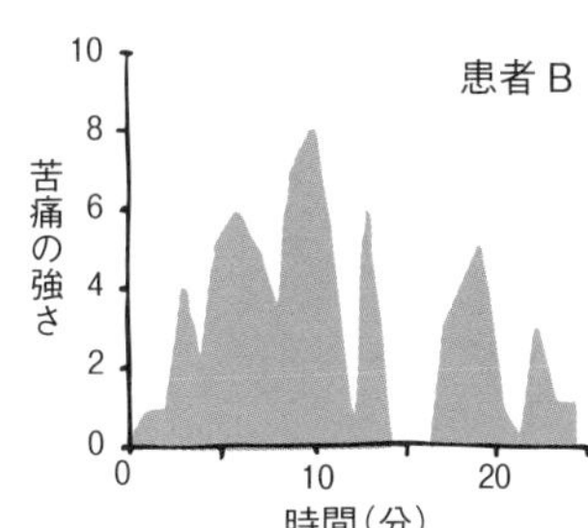

検査終了後に総合的な印象を尋ねた結果、2つのことがわかった。

1つ目は、**痛みの最大と終了時点の痛みの平均が総合評価に影響する**ことだ。これを**ピークエンドの法則**という。

この結果は、実験者の予想を裏切った。なぜなら、斜線部分の総面積の大小が評価を決めると考えていたので、患者Aのほうが痛みの総量が少ない（検査として好印象）と予想していたからだ。患者Aのピークは8、終了時点は7なので、平均は7.5になる。一方患者Bはピークが8、終了時点は1なので、平均は4.5になる。よって、患者Bのほうが良い評価をした。

2つ目は、検査時間の長さは評価に関係しなかった。これを**持続時間の無視**という。このような結果は、前立腺生検や歯科治療などでも観察されている。

経験とその記憶の不一致

私たちはできるだけ苦痛が少ないほうを選択したいと考える。痛みの程度は強いより弱い、苦痛時間も長いより短いほうがいい。体験後に全体の評価や印象を質問されると、その体験した記憶を頼りに評価するが、前項の実験の結果を見ると、このときの記憶の再構築がうまくいっていないように思われる。

つまり、**人間はコンピューターのように完全に記憶することができないので、ザックリとした平均や印象に残った代表的なものだけを保存する**ことになる。それがピークと直近の印象に相当する。

有名な冷水実験を見てみよう。

1回目の実験では、片手を14℃の水に60秒間入れる。14℃とは痛いほど冷たいが、我慢できる程度だ。2回目はもう片方の手を1回目と同じように14℃の水に60秒間入れた後、わずかに温かい15℃の水に30秒間入れる。次の図にあるように、2回目の実験のほうが30秒間余計に不快な経験（bの部分）をしているので、好む人はいないはずである。しかし、実験参加者の8割の人が「苦痛が和らいだ」と回答している。

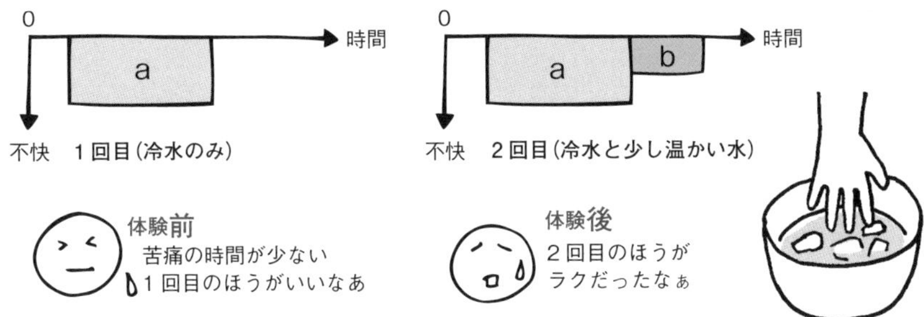

「終わりよければ……」の科学的根拠

「終わりよければすべてよし」や「最後の一言で台無し」という言い回しがあるが、実は科学的根拠があったということになる。

実際コールセンターや顧客へのクレーム対応では、このピークエンド効果が応用されている（谷、2017）。クレーム対応の締めくくり（クロージングという）は、「この度は申し訳ありませんでした」という謝罪ではなく、「お客様から私どもの至らない点をご指摘いただき、誠にありがとうございました」とクレーム相手にお礼を伝える。これは、クレーマーをアドバイザーのように思わせることによって怒りを鎮めることに役立てているのだ。

参考文献

Daniel Kahneman, “Thinking, Fast and Slow,” 2011.［ダニエル・カーネマン（村井章子訳）『ファスト&スロー：あなたの意思はどのように決まるのか？』早川書房、2012年。］

Matteo Motterlini, “Trappole Mentali,” Come Difendersi Dalle Proprie Illusioni E Dagli Inganni Altrui,2008.［マッテオ・モッテルリーニ（泉典子訳）『世界は感情で動く：行動経済学からみる脳のトラップ』紀伊國屋書店、2009年。］

Donald Redelmeier and Daniel Kahneman, “Patients' Memories of Painful Medical Treatments: Real-Time and Retrospective Evaluations of Two Minimally Invasive Procedures,” Pain: 66, 3-8, July 1996.

谷厚志『どんな相手でもストレスゼロ！ 超一流のクレーム対応』日本実業出版社、2017年。

友野典男『行動経済学：経済は「感情」で動いている』光文社（光文社新書）、2006年。

なぜ高くも安くもない中間を選ぶことに、私たちは安心を覚えるのだろうか?

極端性の回避

Extremeness Aversion

意味 極端なものを選んで後悔したくないため、中庸な選択肢を選ぶ傾向。

関連 損失回避性(→42ページ)

松竹梅の竹を選んでしまう心理

身の回りの選択肢は3つということが多いと感じないだろうか。ポテトのサイズは「S-M-L」、焼肉店では「特撰-上-並」、またとある有名カツ丼チェーン店では「松-竹-梅」など言い方はさまざまだ。

このように提示をされると、**人は真ん中の選択肢を選ぶ傾向にある。**これを**極端性の回避**といい、日本では松竹梅効果といわれることもある。

これまでの経験則上、真ん中を選びたいという気持ちがわかるという人は多いはず。「高いものを買って後悔したくないし、かといって安物買いの銭失いもしたくない。だったら、真ん中を選ぼう」と。しかし、次のような実験をすると、もう少し複雑な心の動きをしていることがわかる。

実験参加者に手頃な価格のカメラAと標準的価格のカメラBの2つを提示し、どのカメラを選ぶか尋ねた(Simonson & Tversky, 1992)。すると、106人の回答はきれいに分かれた。

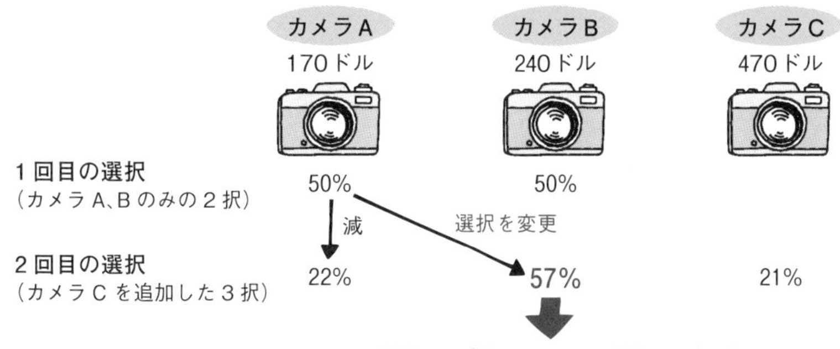

しかし、ここに高価格の高機能カメラCを加えて、もう一度同じ質問をするとどうなるだろうか。57%の人がカメラBを選択した。

これは不思議な結果だ。2択のときにカメラBを選んだ人が、カメラCを気に入って選択を変更ならば理解できる。しかし、57%の人がカメラBを選んだということは、当初カメラAを選んでいた人が高機能カメラCの登場で選択を変更したことになる。

晩ごはんを寿司よりもピザと考えていた人に、「焼肉もあるけど、どうする？」と伝えた途端に、「じゃあ、寿司にする」と言うようなものだ。

真ん中を選ぶような仕掛け

日本には松竹梅でランクを表すことや日常生活の体験から、この研究結果は多くの人に受け入れられている。

ただし商品が3つあると真ん中を選ぶ、というのは少し雑な解釈だ。なぜなら、真ん中の選択肢の価格と品質が、ちょうど中間とは限らないからである。高値寄りの中品質や安値寄りの中品質など、中間選択肢は多数設定できるので、下手をすると魅力的に映らない。真ん中が選ばれる理由はいくつかあるが、ここでは2つを取り上げる。

1つは相対性、もう1つは損失回避である。

相対性とは、価値を直接評価できないとき、他のものと比較して価値を見いだすことである。自分の給料や時給を自信と根拠を持って金銭評価できるだろうか。おそらく難しいだろう。だから同じような仕事量や成果を出しているあの人と同じくらい、あるいは仕事ができない同年齢のあの人よりも多いはずと判断する。ということは、価値評価は比較する対象物との関係に左右されることになる。

たとえば、高品質高価格の商品Aと低品質低価格の商品Bがあるとする。価格と性能が比例する関係である。この状況で中間選択肢である商品X、Y、Zを、以下の図のような3箇所に設定してみよう。さて、中間選択肢は商品AやBからどのように見えるだろうか。

商品A、BからX、Y、ZへそれぞれL字の矢印を描いた。折れ曲がっている2つの線の長さに注目すると、それぞれの中間選択肢に置かれている商品の魅力度がわかるようにまとめてみた。

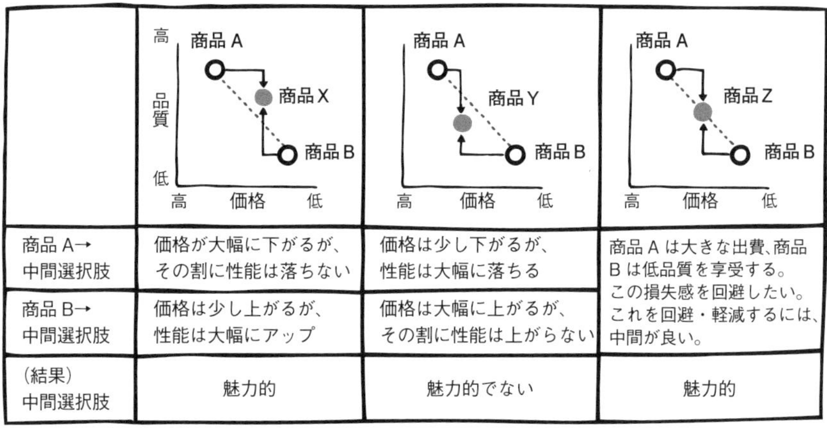

	商品X	商品Y	商品Z
商品A→中間選択肢	価格が大幅に下がるが、その割に性能は落ちない	価格は少し下がるが、性能は大幅に落ちる	商品Aは大きな出費、商品Bは低品質を享受する。この損失感を回避したい。これを回避・軽減するには、中間が良い。
商品B→中間選択肢	価格は少し上がるが、性能は大幅にアップ	価格は大幅に上がるが、その割に性能は上がらない	
(結果)中間選択肢	魅力的	魅力的でない	魅力的

2つ目の理由である損失回避とは、商品Zのような状況で起こる。商品Aは高品質だが、大きな出費をともなう。だからといって、低価格低品質な商品Bには抵抗がある。なぜなら商品Bでは満足できない可能性があるからだ。そのようなときには、バランスのとれた商品Zのほうが失敗する可能性が低いと考え、選ぶことが多くなる。

セットにされるともっと大混乱

以上のような実験結果や理論的背景から、概ね中間選択肢が選ばれることは理解できた。しかし、いつも選択肢が3等級とは限らない。まるでハンバーガーのセットのように、いろいろなものを組み合わせて提示されることがある。

ここでは英語のビジネス雑誌「The Economist」の年間購読料を使ったシンプルな実験を見てみよう。電子版の購読料は59ドル、印刷版は125ドル、電子版と印刷版のセットは125ドルである。結果はセット販売に集中した。ここで不人気の印刷版を取り除いて電子版とセット販売の2択にすると、多くの人が電子版を選択した。注目してほしいのは、**誰も選ばない印刷版125ドルという選択肢を加えたことで、125ドルの契約数が32人から2.6倍の84人に増えていることだ。このような選択肢は、おとりとして使われる。**

私たちは非常にわかりやすいものに注目して、相対的に判断してしまう傾向がある。さらにおとりが隠れているとなると、ますます複雑さを増す。これからは、即決には注意が必要だ。

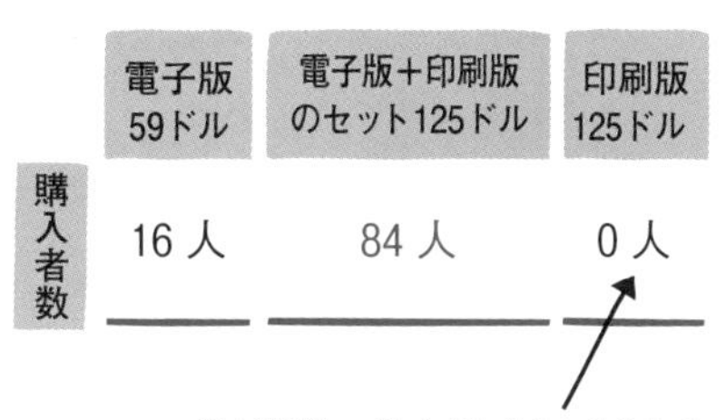

誰も選ばない「おとり」を入れることで、
高額の「電子版+印刷版のセット」の
購入者が増えている

	電子版 59ドル	電子版+印刷版 のセット125ドル
購入者数	68人	32人

参考文献

Dan Ariely, “Predictably Irrational,” Harper, 2010.［ダン・アリエリー（熊谷淳子訳）『予想どおりに不合理:行動経済学が明かす「あなたがそれを選ぶわけ」』早川書房、2013年］

Dan Ariely and Jeff Kreisler, “Dollars and Sense: How We Misthink Money and How to Spend Smarter,” Harper,2017.［ダン・アリエリー／ジェフ・クライスラー（櫻井祐子訳）『無料より安いものもある：お金の行動経済学』早川書房、2021年。］

Eldar Shafir, “The Behavioral Foundations of Public Policy,” Princeton Univ Press, 2012.［エルダー・シャフィール（白岩祐子／荒川歩訳）、『行動政策学ハンドブック:応用行動科学による公共政策のデザイン』福村出版、2019年。］

Itamar Simonson and Amos Tversky,“Choice in Context: Tradeoff Contrast and Extremeness Aversion,” Journal of Marketing Research: 29, August, 281-95, 1992.

友野典男『行動経済学:経済は「感情」で動いている』光文社（光文社新書）、2006年。

もし、突然大金が手に入ったら、あなたは
それを使わずにいられるか?

ハウスマネー効果

House Money Effect

意味 不労所得や臨時収入は、自分で稼いだ収入と比べて支出されやすいこと。

関連 メンタルアカウンティング(→22ページ)

あぶく銭なんだからぱっと…の心理

本来、お金には色というものはないが、心の中で仕分けをしてしまうバイアスとして、メンタルアカウンティング(心理会計、心の会計)を紹介した。その仕分け・勘定科目の中でも、**不労所得や臨時収入のような突然手にしたお金だと大胆な使い方をすること**を**ハウスマネー効果**という。ハウスとはカジノを指し、カジノで得たお金はリスキーな賭け方をすることに由来する。

カジノには行かないし、ギャンブルをしないという人もいるかもしれないが、無関係ではない。なぜなら、遺産相続や資産運用による売却益など、思いがけず大金を得る機会があり、そのときにハウスマネー効果が働くかもしれないからだ。

経済学では競馬を対象とした研究がある(Thaler, 2019)が、それによると最終レースは大穴馬のオッズが下がるようだ。これは多くの人が不人気馬、つまり勝ちそうにない馬が勝つと、予想していることを意味する。なぜだろうか。戦績や馬の状態が優先されてもおかしくないはずである。

ギャンブラーの心の動きを観察

ギャンブルの実験は実施が難しい。なぜなら、実験参加者が研究で行うゲームに勝った場合は実験への謝金として支払うことになるが、負けた場合は協力してもらったにもかかわらず出費させることになるからだ。そこで複数回の実験を行い、実験協力者が勝ったゲームが選ばれるようにある程度工夫した。

実験参加者が30ドル勝っている状態で、次のような2つの賭けから1つを選ばせた（Thaler, 2019）。

① 確率50％で9ドル得るか、確率50％で9ドル失う。
② まったく何ももらえない。

②を賭けというには違和感があるだろうが、確率100％で0ドルが得られるという意味では賭けの形式を満たしている。

前者の賭けから期待できる理論価値（長期的に挑戦したときに得られる平均値、期待値）は0ドルになる。これは2回挑戦すれば確率的に1回は表で＋9ドルを得て、1回は裏になるので－9ドルとなる。よって、この賭け1回から期待できる賞金は0ドルと考えることができる。

どちらの賭けも期待できる賞金は0ドルだが、7割の実験参加者が①を選んだ。30ドルの臨時収入があるので、もし賭けに負けても21ドルを持って帰ることができるからだ。まさしくハウスマネー効果である。

逆に30ドル負けている状況ではどうだろうか。先と同じ賭けを提示したところ、6割の人が賭けに挑戦しなかった。賭けに勝っても、30ドルの負けは取り戻せない。だから、負けて39ドルの損失になるよりも何も起きないほうを選んだと考えられる。

30ドル勝っている状態で挑戦

選択肢①　選択肢②

−9ドル 50%　+9ドル 50%　0ドル 100%

選択した割合 70%　30%

どちらも期待値ゼロだが、ギャンブルを好む。
まさにハウスマネー効果が出ている。

30ドル負けている状態で挑戦

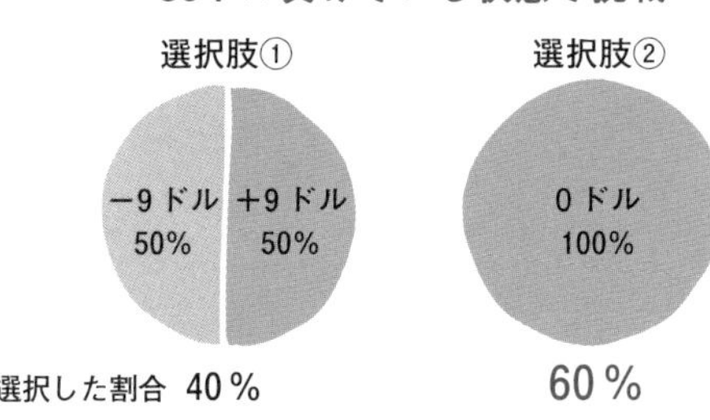

勝っても収支がゼロになりそうにないので、
ギャンブルを好まない傾向が出た。

30ドル負けている状態で挑戦

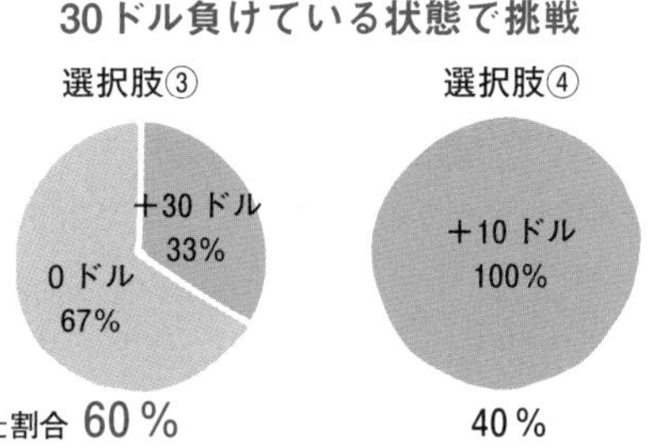

勝てば収支ゼロになるチャンスがあるため、挑戦者が増える。
ブレイクイーブン効果の影響が出ている。

面白いのは30ドル負けている状況で、収支ゼロにできるチャンスがある以下の賭けを比較したときだ。

③$\frac{1}{3}$の確率で30ドルを得るが、$\frac{2}{3}$の確率で何も起こらない。

④確実に10ドルを得ることができる。

どちらも期待できる賞金は10ドルだが、6割の人がリスキーな賭けを選択した。賭けに勝てば－30ドルが帳消しになり、負けてもそれ以上悪化しないわけだ。④では確実な10ドルを得られるので傷は浅くなるものの、③の賭けの結果で収支ゼロに望みをつなぐ様子がうかがえる。このような状況を**ブレイクイーブン効果**といい、金融のプロでも見られる。

シカゴの国債先物取引を使って、午前中の収益状況と午後からの取引の傾向を調査したところ、午前中の収益が芳しくなかったトレーダーは、午後にはリスキーな取引が多くなった（筒井&山根, 2012)。

シカゴの国債先物取引に見るブレイクイーブン効果

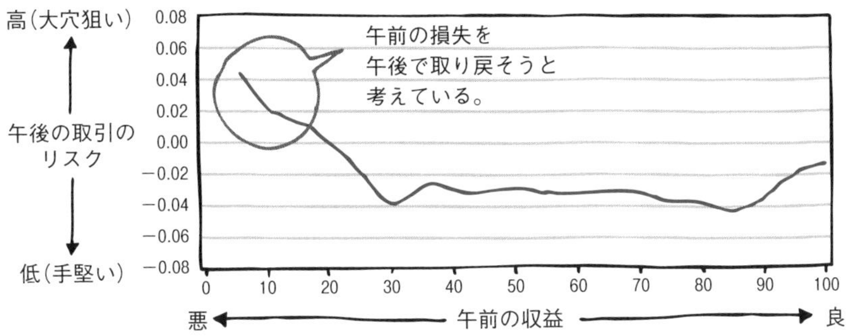

出所：JOSHUA D. COVAL, TYLER SHUMWAY, "Do Behavioral Biases Affect Prices?" The Journal of Finance, Volume60, Issue1, February 2005, Pages 1-34

不労所得と労働所得は何が違う？

金額とその価値は完全に比例しない。

たとえば**1万円をもらう価値（うれしさ）と1万円を失う価値（損失感）を比較すると、失うほうが心理的にツラい**（損失回避性、→42ページ）。ところが、**思いがけず手に入れた収入（不労所得）を失うときのつらさは、自分で稼いだ所得よりもツラさが少ない**（筒井他2017）。したがって、損失を回避、あるいは最小化しようとする意識が薄れていると思われる。

労働所得であれ不労所得であれ、同じ所得である。にもかかわらず、不労所得は容易に支出してしまう。この効果はギャンブルをする人や遺産相続を受けた人だけでなく、毎月の収入にばらつきがある人や副業をしている人も注意する必要がある。

参考文献

Richard Thaler, "Misbehaving: The Making of Behavioral Economics," W. W. Norton & Company, 2015. [リチャード・セイラー（村井章子訳）『行動経済学の逆襲』早川書房（ハヤカワ文庫NF）、2019年。]
川西諭『知識ゼロからの行動経済学入門』幻冬舎、2016年。
筒井義郎／佐々木俊一郎／山根承子／グレッグ・マルデワ『行動経済学入門』東洋経済新報社、2017年。
筒井義郎／山根承子『図解雑学 行動経済学』ナツメ社、2011年。

お金、健康……。符号効果の有無が人生を大きく左右するのかもしれない。

符号効果

Sign Effect

意　味	将来に受け取れる報酬に対してはせっかちになるが、損失にはそれほどせっかちにならないこと。
関　連	現在バイアス（→38ページ）

あなたのせっかち度が意味するもの

現在バイアス（→38ページ）では、直近と遠い将来の報酬では直近を好む傾向にあることについて述べた。ここでは、将来にお金がもらえる状況ではなく、失う状況についても考えてみよう。

あなたは、次の質問にどのように答えるだろうか。

① あなたは1カ月後に受け取れるはずだった100万円を、1年延期してほしいと言われた。最低でもどれくらい金利を要求するか？（その要求が通らないなら、待てないと答える）

② あなたは1カ月後に支払う100万円を、1年延期してほしいとお願いする。どれくらい金利を上乗せするか？

もちろん受取金利は多いほうがうれしい。この金利は、あなたが1年間

2つの質問に対する回答

	回答値
お金をもらうとき（質問①）	1.16% 大きく割り引く
お金を失うとき（質問②）	0.22% あまり割り引かない

符号効果がある人の特徴

［お金をもらうとき］
遠い将来の良いことを現在の価値に変換
→小さくなる
→目先の他の楽しいことのほうが価値あり

［お金を失うとき］
遠い将来の悪いことを現在の価値に変換
→小さくならない
→不快なものが今そこにあるように感じる
→解消するように努力する

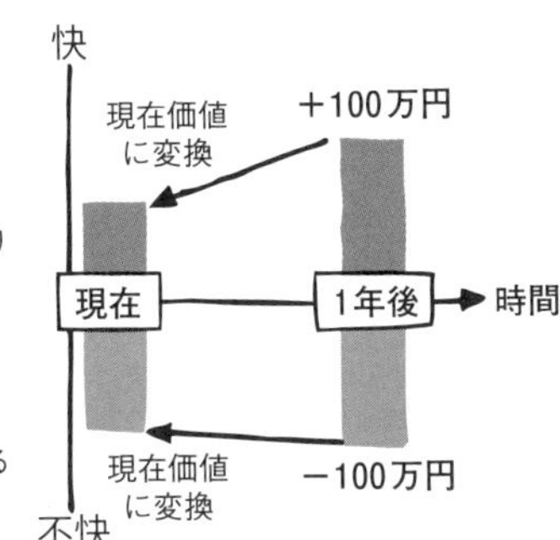

待つか、待たないかを判断する境目を意味する。たとえば5%と回答したら、「5%未満なら1年も待っていられない。今すぐ欲しい」、そして「5%以上くれるなら、待つよ」という意味になる。したがって、回答した金利が高い人はせっかち、小さい人は我慢強いということになる。この質問で注目したいのは、①と②の回答値の違いだ。大阪大学の実験では、もらうときは平均1.16%、失うときは0.22%だった。

このように**プラスのとき（もらう）とマイナスのとき（失う）でせっかち度が異なること**を符号効果という。

特に失うときに注目してほしい。遠い将来の悪いこと（お金の支払い）を現在価値に変換しても、あまり小さくならない。ということは、今すぐ支払う感覚と変わらない。だから**符号効果がある人はこの不快感や損失感を回避するために、真剣に返済計画や対応を考える傾向がある**といえる。

符号効果がない人の人生は大変？

符号効果のある人とは、将来の受け取りよりも将来の支払いが気になる

符号効果と行動

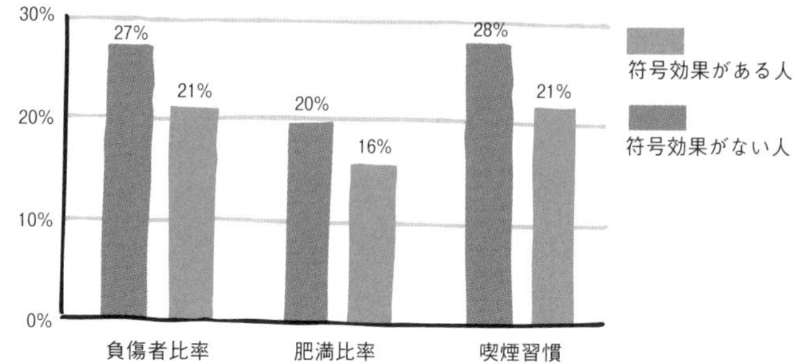

符号効果がない人の特徴

[お金を失うとき]
遠い将来の悪いことを現在の価値に変換
　→もらえるときと同じように小さくなる
　→不快なものをそれほど不快に感じない
　→解消する気が起きない

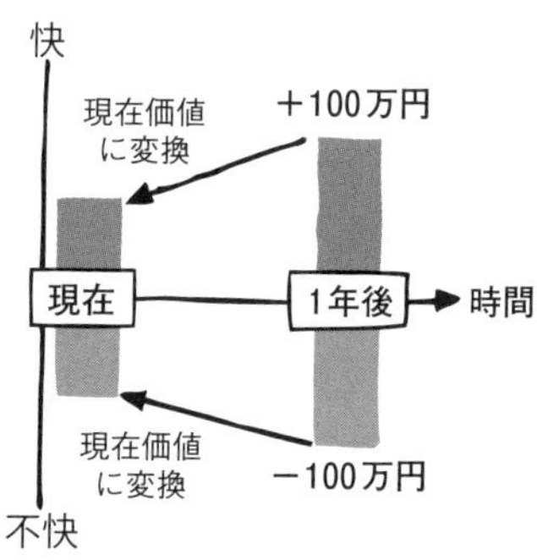

ので、将来のイヤな出来事を極力回避しようとする。

一方、**符号効果がない人もいる。そのような人はもらうときと同じように大きく割り引くので、将来の不利益をあまり気にしない傾向にある。**それを端的に表すデータが、大阪大学が行った大規模アンケートの結果だ。

この調査では、調査対象者を符号効果がある人とない人に分けて、生活行動や習慣などについて質問した。その結果、**符号効果がある人は符号効果がない人と比べて、負債や肥満、喫煙習慣の割合が少なかった**ことがわかった。これは将来発生する不利益を避けようとしていることを示唆する。肥満や喫煙を将来の健康損失ととらえて回避しているのだ。

一方**符号効果がない人は、将来発生する金銭または健康が減少あるいは悪化することを軽視するため、負債や肥満、喫煙習慣が高い傾向がある**と解釈できる。

符号効果のある人とない人の神経科学的違い

fMRIという装置の中で、せっかち度を測る課題を行うことで、課題中の脳活動を観察することができる。

すると報酬を受け取れるときには、符号効果のある人とない人で違いは見られなかった。しかし損失時には、符号効果がある人とない人で線条体と島皮質という領域で反対の活動が見られた。ざっくり言ってしまうと、符号効果がある人は損失に対して大きな反応を示したが、符号効果がない人ではそのような反応を示さなかった。

また、せっかち度を衝動性という視点からとらえると、精神疾患も研究対象となる。実際、注意欠陥・多動症（ADHD）の患者群と健常者群を比較したところ、患者群では符号効果は見られなかった。また損失の大きさに対して、線条体と扁桃体の活動が健常者と異なることがわかった。

このような衝動的行動のメカニズムが明らかになることで治療への応用や肥満、多重債務など社会が抱える問題の解決に貢献が期待されている。

太ったって、せいぜい
これくらいでしょ？
1年後の現実
符号効果がない人

参考文献

池田新介『自滅する選択:先延ばしで後悔しないための新しい経済学』東洋経済新報社、2012年。
田中沙織／大竹文雄『意思決定における報酬と損失の異質性とその脳基盤』行動経済学、第12巻、185-189、2019年。
筒井義郎／佐々木俊一郎／山根承子／グレッグ・マルデワ『行動経済学入門』東洋経済新報社、2017年。

初期設定のままにして、カスタマイズしない人たちが受けている影響。

デフォルト効果

Default Effect

意味 複雑な選択や状況は頭を使うので、最初の設定や状況のままで済ませようとする傾向。

関連 フレーミング効果（→54ページ）

レジ袋がデフォルト？

飛行機や新幹線のグリーン席のシートポケットには雑誌やパンフレットなどが入っている。ペラペラめくって元に戻す人、あるいは持って帰る人もいるだろう。これらを手に取る人たちに質問したい。もしシートポケットに何もなかったら、CAさんや車掌さんに持ってきてもらうようにお願いするだろうか。おそらく、ほとんどの人はしないはずだ。

つまり、**初期状態によって人の行動が左右される。**これを**デフォルト効果**という。デフォルトとは、最初から設定されている状態や条件のことだ。自身が置かれた状態によって行動が変わるという意味では、フ

レーミング効果の一種と考えることができる。

近年、日本で最も大きくデフォルトが変わった出来事は、レジ袋の有料化（2020年7月開始）だ。それまで黙っていても配布されていたものが、申告したうえで有料になった。有料化の影響もあるのでデフォルト効果だけの効果とはいえないが、レジ袋辞退率が7～8割になり、レジ袋の国内流通量が約20万トン（2019年）から約10万トン（2021年）まで減少した。

最も有名なデフォルト効果

デフォルト効果で最も有名な事例は、臓器提供意思表示カードの書式である。下図はヨーロッパ諸国における臓器提供の同意率を示したものだが、同意率90％超となる国がある一方で低水準な国もある。この提供率の違いは、文化、宗教によるものではなく、表示方法によるものである。

同意率の低い国々では、臓器提供に同意する人がチェックを付ける形式をとっている。この形式を**オプトイン（Opt-in）**という。チェックを付けなかった人は、提供の意思がないか、あるいはこの項目を見落としていることを意味する。それに対して同意率が高い国々では、臓器提供をするこ

ヨーロッパにおける臓器提供の同意率

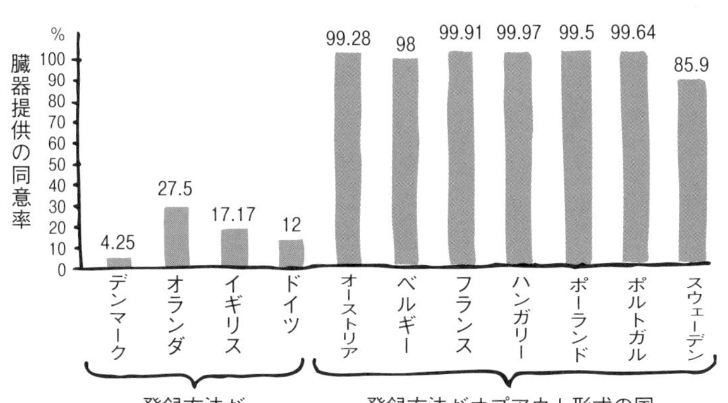

出所：Johnson & Goldstein (2003) より作成。

とが前提となっている。だから、提供したくない人がチェックを付ける。これを**オプトアウト（Opt-out）**という。どちらの形式も臓器提供を強要するようなことはしていない。自分の希望するほうを選べばよい。

備考

以下の部分を使用して臓器提供に関する意思を表示することができます（記入は自由です。）。
記入する場合は、1から3までのいずれかの番号を○で囲んでください。
1．私は、脳死後及び心臓が停止した死後のいずれでも、移植のために臓器を提供します。
2．私は、心臓が停止した死後に限り、移植のために臓器を提供します。
3．私は、臓器を提供しません。
《1又は2を選んだ方で、提供したくない臓器があれば、×をつけてください。》
【心臓・肺・肝臓・腎（じん）臓・膵（すい）臓・小腸・眼球】
〔特記欄　：　〕
《自筆署名》
《署名年月日》　年　月　日

運転免許証の裏面にある臓器提供の意思表示欄。
日本はオプトイン形式になっている。

自分の保険証、あるいは運転免許証を見てみよう。日本はオプトイン形式になっている。チェックを付けているだろうか？　おそらく、チェックを付けている人は少ないはずだ。実際、平成29年に内閣府が行った調査では未記入者が85%（有効回答者数：1911）だった。つまり、同意もしなければ拒否もしないということだが、それは同意したとは見なされない。

私たちが判断を回避したくなる3つの理由

なぜ、私たち日本人は同意へのチェックをつけず、最初の設定のままにしているのか。理由は3つ考えられる。

1つ目は**現状維持バイアス**である。変更することによって良いことがある一方で、もしかすると悪くなる可能性もある。今より状況が悪くなるのは避けたいので、そのままでいようとするためだ。

2つ目は、現在の設定状態に信頼感を持っていることだ。スマホやPCを初めて触ったときを思い出してほしい。設定を変更してしまうと元に戻らないのではないかと、心配したはず。初期設定のままでも最低限の動作はするので、そのままの状態で利用する。これは「サービスの提供側がある程度オススメの設定にしてくれている」と判断しているからだ。

3つ目は、そもそも深く考えないからだ。どう変更するのか、他の選択肢と比較してどれが本当に最適なのか、などを検討することは重要だが、非常に面倒である。特に臓器移植の場合、自分の家族のこと、お葬式のことなどいろいろなことを考えてしまうので、意思決定するうえで労力や負荷がかかる。だから、判断を回避したくなるわけだ。

デフォルト効果はかなり強力なので取り扱い注意

表記方法を変えるだけで、行動が変わる例は多々ある。

たとえば、南アフリカのある病院では、妊娠検査にHIV検査が含まれている。妊婦に拒否権はあるが、検査を前提にすることで98%の妊婦が受け入れた。また日本では医療費増加を抑えるために、特許期間が切れたジェネリック医薬品を推進する動きがあった。ところが、あまり普及しなかったので、2008年に処方箋の形式が変更された。医師が従来の先発医薬品を希望する場合は、「後発医薬品への変更不可」欄への署名が必要となったため、ジェネリック医薬品が前提となった。診療報酬上の後押しなどもあったので、一概にデフォルト効果だけの影響とは断言できないが、数量シェアは32%（2005年）から79%（2021年）まで上昇している。

デフォルト効果の影響は、シンプルでありながら強力だ。

したがって、政府や自治体、企業が採用することが多い。その際の設定には注意を払う必要がある。安易な設定は、利用者や消費者に倫理的、経済的な不利益をもたらす可能性があるからだ。

一方、利用者側も惰性で判断することは危険だ。初期設定の内容が多岐にわたるので、決定的な防衛策というものはない。しかし、考える労力を惜しまない、あるいは違う表現に置き換えることなどで冷静な判断を取り戻すことができるだろう。

参考文献

Eric Johnson and Daniel Goldstein, "Do Defaults Save Lives?," Science: 302,1338-1339, 2003.

大竹文雄『あなたを変える行動経済学:よりよい意思決定・行動をめざして』東京書籍、2022年。

筒井義郎／佐々木俊一郎／山根承子／グレッグ・マルデワ『行動経済学入門』東洋経済新報社、2017年。

「タダより高いものはない」と嘆かないための心得について。

無料の力

Zero Price

意　味	金銭的支出がないことで、商品やサービスがより魅力的に感じること。
関　連	損失回避性（→42ページ）

世の中、無料やゼロに弱い

人は無料という響きに非常に弱い。分割金利手数料無料、送料無料、工賃無料、大盛り無料など……。ゼロという意味も加えると糖質ゼロ、カロリーゼロなど、世の中には無料やゼロにまつわる商品・サービスが溢れている。

無料やゼロとは、言い方を変えれば「1よりも1だけ小さい値」だ。「2より1小さくなる」ときとは、あきらかに意味が異なる。この**無料（ゼロ）の力**が、私たちの心理や行動にどれだけの影響を与えているのだろうか。次の実験を見てみよう。

高級なチョコレートとしてリンツのトリュフ（15セント）とお手頃なチョコレートとしてハーシーズのキスチョコレート（1セント）を、「お1人さま1つまで」と看板を掲げて、販売した。その結果、73%の人がリンツのトリュフを選んだ。高級感のあるリンツのチョコレートが15セントで買えるのであれば、当然の結果だろう。

ここで、両方の価格を1セントずつ下げて同じ実験をするとどうなるだろうか。結果は、69%の人がハーシーズのチョコレートを選んだ。

商品の品質は変わっていないにもかかわらず、両方同じだけ価格が下がっただけなのに、それだけで実験参加者の好みが変わったのだ。

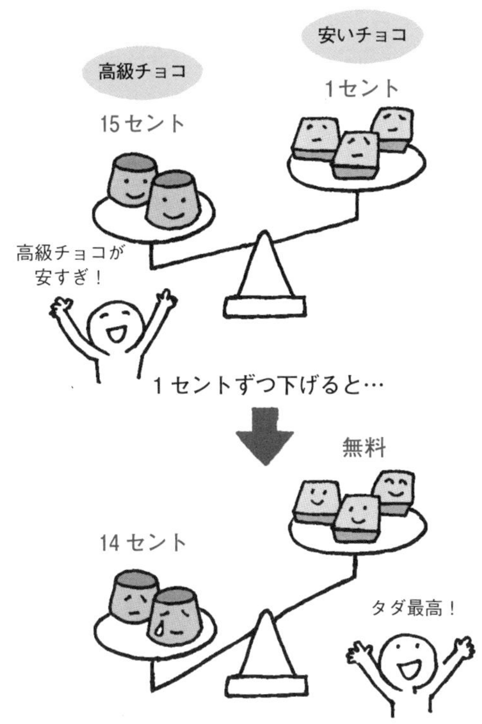

これは天秤をイメージするとわかりやすい。天秤の皿に15gと1gの重りをそれぞれ置いたとする。両方から重りを1gずつ取り除いたとしても、天秤の動きに変化はない。つまり最初の実験よりも1セント安い14セントで、あのリンツのチョコレートが手に入るのだから、本来であれば結果は変わらないはず。同様の実験をもう一度別の場所で繰り返したが、やはり無料のハーシーズのチョコレートに人が殺到したという。

無料は安パイ

「0円での購入」ではなく、交換無料という実験もある。

これは、子どもとアメリカの有名大学MITの学生に行ったもので、1個4.5gのキスチョコレートを3個与えた状態から実験はスタートする。

参加者には2つの選択肢が提示される。

① キスチョコレート1個と小さなスニッカーズ（30g）を交換する。
② キスチョコレート2個で大きなスニッカーズ（60g）を交換する。

この場合、①は39g、②は64.5gのチョコレートを手にできる。多くの参加者は②を選んだ。たくさんのチョコレートを得るという点では、妥当な判断だ。

次は無料の条件として、次のように選択肢を変更した。

③ 小さなスニッカーズ（30g）を無料で1個得ることができる。
④ キスチョコレート1個と大きなスニッカーズ（60g）1個と交換する。

③は43.5g、④は69gのチョコレートになるが、多くの人は前者を選んだ。購入でも交換でも、無料には人を魅了する何かがあるようだ。

本来、購入や交換にはリスクを伴う。買ったお菓子が想像よりも美味しくなかった、バザーで交換した衣類が汚れていたなど。満足できない結果もありえるわけだ。そんなときは、期待するものが得られなかったうえに、支払った代金も無駄になったと後悔する。

しかし、無料でもらえる場合はどうだろうか。失敗したとしても0円で入手したので、実質の損失はない。

ゼロに飛びつく危険性

以上の実験から、**人は無料やゼロに飛びついてしまう傾向がわかった。**

私たちの身の回りにはカロリーゼロ、糖質ゼロを全面的に押し出す食べ物がある。実は**食品・飲料ともに100gあたり5kcal未満であれば食品表示法により「ゼロカロリー」「ノンカロリー」と表示してよいことになっている。**もし0キロカロリーと表示できるにもかかわらず、「2kcal」と正直に大きく表記されていたら、商品を取るだろうか？　同じ品質ならば、ゼロカロリー商品を手に取ることだろう。やはり、ゼロというインパクトは特別なのだ。

無料に飛びつくことによって、想定外の出費を被る可能性もある。たとえば、返品無料や無料体験、年会費初年度無料などの言葉には、一度立ち止まってよく考えてほしい。試してみて、気に入らなければ返品する、あるいは体験だけして店を出ればいいわけだが、なかなか理屈どおりにはならない。試食したら1個くらい買わないといけない、コンビニでトイレを借りたらガムを1つ買わないといけないと感じる状況と似ている。これは、親切な行動には親切で応える**返報性**という効果によるものだ。

また、サブスクリプションや年会費のように口座から自動的に引き落とされる場合、ほとんど利用していないにもかかわらず、気づかずにズルズル支払い続けてしまうこともある。

当たり前のことであるが、商売人からすれば、「無料」や「ゼロ」を入り口にするのは、それでものちのち利益を得られる算段がついているからである。一度足を踏み入れてしまうと、返報性の効果もあって、なかなか逃れられないこと、「ダダより高いものはない」ことを心得ておこう。

参考文献

Dan Ariely, "Predictably Irrational," Harper, 2010.［ダン・アリエリー（熊谷淳子訳）『予想どおりに不合理：行動経済学が明かす「あなたがそれを選ぶわけ」』早川書房、2013年。］

William Poundstone, "Priceless: The Myth of Fair Value," Hill and Wang,2010.［ウィリアム・パウンドストーン（松浦俊輔／小野木明恵訳）『プライスレス：必ず得する行動経済学の法則』青土社、2010年。］

阿部誠『ビジネス教養 行動経済学（サクッとわかるビジネス教養）』新星出版社,2021年。

物価の変動が激しい今だからこそ、年金や資産の実質的な価値に注目しよう。

貨幣錯覚

Money Illusion

意　味	物価変動を考慮せず、目先の賃金上昇などの名目価値に反応した経済活動。実質価値よりも名目価値に影響を受けること。
関　連	アンカリング（→14ページ）、サンクコストの誤謬（→18ページ）

額面の給料アップに注目？

賃金が増えることはありがたい。しかし、物価という外的要因によって、その感じ方・とらえ方は変わる。次のような状況ならば、あなたは受け入れられるだろうか？　それとも不公正だと思うだろうか？

状況A：給料が7%カット（容認38%、不公正62%）
状況B：身の回りの製品価格がすべて12%アップしたが、給料は5%アップ（容認78%、不公正22%）

状況Aに対して62%の人は不満だと言ったが、状況Bは22%の人しか不満を言わなかった（Kahneman, et al., 1986）。

ここでは20万円の給料を受け取り、1カ月の生活費が20万円の家庭を例に考えよう。すると、次のような表の結果になってしまう。

給料が下がる状況Aと、給料が上がる状況Bのどっちを選ぶ？

	状況A 給料が7%下がって、物価が変わらない世界	状況B 給料が5%上がって、物価が12%アップした世界
容認する人の割合	38%	78%
もともとの1カ月の給料	¥200,000	¥200,000
もともとの1カ月の生活費	¥200,000	¥200,000
賃金交渉後の給料	7% DOWN ¥186,000	5% UP ¥210,000
物価上昇率	0%	12%
物価上昇後の生活費	¥200,000	¥224,000
1カ月の収支	¥−14,000	¥−14,000

つまり状況AとBは同じであった。これは表面上の給料5%アップに目を奪われるあまり、給料の実質的な購買力に注意が向かないからである。

購買力とは、その金額で購入できるモノやサービスの量を意味する。だから労働者が賃金交渉を行うならば、物価上昇率が2%のときに2%の賃金アップで満足してはいけない。それではまったく生活は変わらないからだ。3%の賃金アップを獲得して、やっと実質1%の給与アップになる。

このように、**実質的な価値・値よりも名目的な価値・値を重視してしまうこと**を**貨幣錯覚**という。

表面上の値（名目）VS.本当の価値（実質）

貨幣錯覚は、さきほど述べたような物価の上昇率（インフレ率という）と絡めて取り上げられることが多い。しかし本当の価値を見極めるときに表面上や過去の値に引っぱられてしまうという点では、アンカリング効果やサンクコストの一種と考えられる。

もう少し身近な商品を例にしてみよう。1本20ドルで仕入れたボルドーワインが、その後75ドルに値上がりしたとする。今からあなたがこのワインを開けるならば、いくらの価値と感じるだろうか？

会計や小売業関係者は仕入れ値に注目する傾向があるので、20ドルと答えるだろう。そしておよそ半分の人はタダ、もしくはむしろおトク感

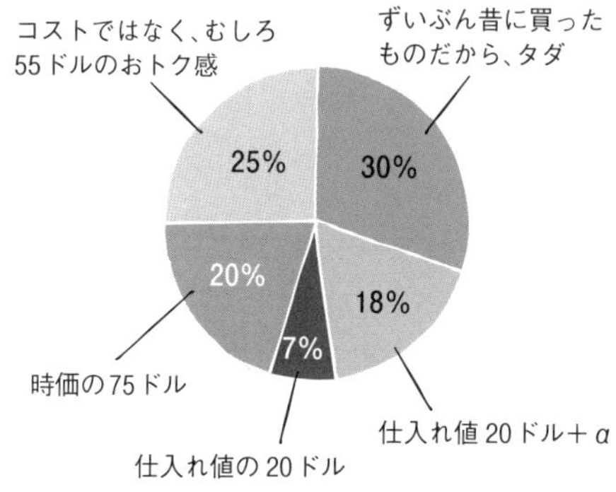

があると回答した（Shafir, et al., 1997）。

一方、経済学者は75ドルを選ぶ。なぜなら、このワインを売るとしたらすぐに75ドルで買い手が見つかるからだ。75ドルという価値に納得できない人は、このワインボトルが目の前で落とされ、割れることを想像してほしい。きっとあなたは「20ドルのワインが……」とは言わず、「75ドルのワインが……」と言いながら立ち尽くすだろう。だとしたら、あなたは75ドルの価値があることを認めている。

頭の中では、どのように判断しているのか？

このような貨幣錯覚の原因として頭に浮かぶのは、「計算が複雑あるいは面倒だから、直感的判断をした」というものだ。しかしながら、数学が得意な学生に実質価値に気づくように問題を出しても、結果は変わらなかった（Poundstone, 2010）。

それは脳科学的手法を用いた研究でも証明されている。

まず、被験者はある実験を行って謝金を獲得させる。しかし、この報酬は現金で持ち帰るのではなく、カタログに掲載されている商品（書籍やアウトドア用品など120品目）と交換させる。このとき、次の①と②の2つの条件の脳の反応を比較した。

①の条件：報酬額をカタログの商品と交換させる。

②の条件：報酬額を①の1.5倍にし、カタログの商品も1.5倍の金額にして交換させる。

注目すべき点は、②の条件は、名目上の報酬を1.5倍にすると同時に交換する商品の価格も1.5倍になるので、実質①の条件と何も変わっていない。しかしながら名目上の報酬が1.5倍に増えたときのほうが、腹内側前頭前皮質（vmPFC）とよばれる部位の活動が大きくなる。

この部位は、報酬を受け取ったときや受け取れそうなときに活動する報酬系とよばれる領域として知られている。これは同じ商品が得られそうであっても、見かけ上の大きい値のほうが喜ばしいということであり、神経科学的にも貨幣錯覚の存在を示唆するものである。私たちは名目上の金額や額面を気にする一方、実質的な価値を軽視する傾向にある。特に近年は物価の変動が著しいので、年金や資産の動向には注意したい。

最後に、現在の物価状況に即していないものの可能性として、罰金について考えてみよう。

たとえば鉄道営業法によると、鉄道地内にみだりに立ち入った場合には1万円未満の科料が科せられる。この金額は適正だろうか？　明治33年の法律では10円以下の科料であったものが、臨時措置法により現在では1万円まで引き上げられた。ただ、夏目漱石の『坊っちゃん』（明治39年）に登場する数学教師の月給が40円と記されていることを考えると、現在の科料は相当安く感じてしまう。やはり、物価は無視できない。

参考文献

Daniel Kahneman, Jack Knetsch and Richard Thaler, "Fairness as a Constraint on Profit Seeking: Entitlements in the Market," American Economics Review: 76, 728-741,1986.

William Poundstone, "Priceless: The Myth of Fair Value," Hill and Wang,2010. [ウィリアム・パウンドストーン（松浦俊輔/小野木明恵訳）『プライスレス 必ず得する行動経済学の法則』青土社、2010年。]

Eldar Shafir, Peter Diamond, Amos Tversky, "Money Illusion," Quarterly Journal of Economics: 112, 341-374, 1997.

Richard Thaler, "Misbehaving: The Making of Behavioral Economics," W. W. Norton & Company, 2015.[リチャード・セイラー（村井章子訳）『行動経済学の逆襲』早川書房（ハヤカワ文庫NF）、2019年。]

Bernd Weber, Antonio Rangel, Matthias Wibral, and Armin Falk, "The Medial Prefrontal Cortex Exhibits Money Illusion", Proceedings of the National Academy of Sciences: 106,5025-8, 2009.

勝率80%を低いと感じ、勝率20%を高いと感じてしまう謎の錯覚について。

確率加重関数

Probability Weighting Function

意 味 提示された確率を、主観的な確率に変換する式（関数）。一般的に低い確率は高く、高い確率は低く感じる傾向がある。

関 連 確実性効果（→46ページ）

高確率が常に求められているわけではない

確率加重関数を一言で説明すると、私たちは**見せられた確率の値を額面どおりに受け取らないということ**だ。どういうことか、次の実験から考えてみよう。

実験協力者100人に、休暇中に旅行が当たる次の2つの選択肢から1つを選ばせた（Kahneman & Tversky, 1979）。

① 確率50%で3週間の3カ国周遊の旅が当たる。
② 確率100%で1週間の国内旅行が当たる。

すると、約8割の人が当選確実な②の国内旅行を選んだ。
次に、旅行内容はそのままで、確率をそれぞれ5%と10%に変更した。

③ 確率5％で3週間の3カ国周遊の旅が当たる。

④ 確率10％で1週間の国内旅行が当たる。

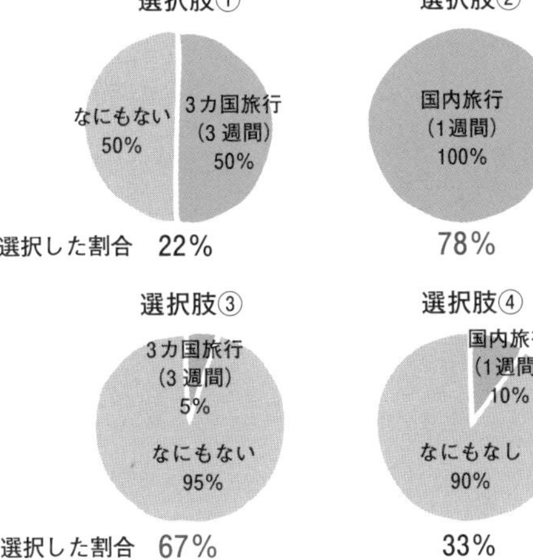

ポイントは、①②、③④のいずれの選択肢も、国内旅行の当選確率が海外旅行よりも2倍高いことだ。

すると、海外旅行の希望者が集中した。つまり、1つ目の質問で手堅い選択をした人が、2つ目の質問で確率が高いほうを選ばなかった。これは、常に高確率が望ましいとは限らないことを意味する。別の言い方をすると、低確率でも納得できるように自分なりに受け止め方を変換している。

人の「確率」に対する感じ方

人は確率をどのように感じているのだろうか。

次のグラフは提示された確率（客観確率、横軸）と、その客観確率を本人が感じる確率（主観確率、縦軸）の関係性を示している。2本の軸はどちらも0～100％なので正方形であり、その対角線を破線で表している。この破線は提示された確率10％を、素直に確率10％ととらえることを意味する。しかし多くの研究結果から、**人間の確率は客観確率＝主観**

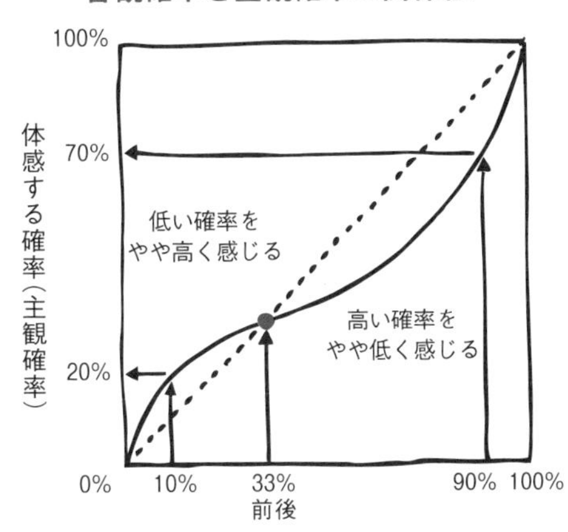

確率という直線関係ではなく、緩やかな逆S字カーブ（実線）を描いていることがわかった。

実験研究や個人の属性によって、カーブの緩やかさの程度は異なるが、概ね次のような3つの特徴がある。

1つ目は、**低い確率をやや高く感じる**ことだ。

極端な言い方をすれば、ほとんど起こらないことを起こると感じてしまう。年末ジャンボ宝くじでは、4.4億枚が販売され、そのうち当選金額300円以上のくじの本数は約4500万枚なので、当たる可能性は約10％になる。裏を返せば、確率90％でハズレるくじだ。そして、1320億円ですべて買い占めても当選金の総額は660億円程度にしかならない。つまり、平均的には儲からないくじになっている。にもかかわらず長蛇の列に並んで購入する人がいるということは、本人は10％よりは高い確率で当たると思っているわけだ。

2つ目は、**逆に高い確率をやや低く感じてしまう。**

確実性効果の節（→46ページ）でも触れたが、勝負事や生死に関わることで「90％大丈夫だから」や「絶対大丈夫、安心して」と言われても、不安になってしまう状況がまさしくこれである。確率90％と言われても、確率加重関数に基づけば、主観的には70％程度の感覚になっているわけだから、不安になるのも納得できる。

3つ目は、**確率33％前後が主観確率と客観確率が等しくなる。**

逆S字カーブは破線の上と下に通過するので1度だけ破線を跨（また）ぐ。どの

確率加重関数によるバイアスの表れ方

当選確率
20％！
よし、これなら
当たるかも！
当選確率
80％！
こんなに当たる
わけないよ…
当選確率
33％！
3回に1回は
当たるのか。

ような実験でも、客観確率がおよそ3分の1のときであることがわかっている。

確率加重関数の応用

確率加重関数によって、人は当たりそうにない低確率でも可能性を感じるわけだが、宝くじ以外の身近なものはほかにもある。

1つは自動車保険だ。2020年の交通事故件数はおよそ31万件、免許保有者が8200万人なので、約0.4%（250人に1人）の確率で事故が起こるといえる（警察庁交通局。免許証を所持していても運転しないペーパードライバーも相当数いるので、実質的な確率はもう少し高いだろう）。

宝くじは幸運な人が当選金を受け取ることができるわけだが、保険は不運な出来事に遭った人が保険金を受け取ることができるアンラッキー版宝くじとも言える。つまり、「自分は宝くじを購入しないから」と思った人も、自動車保険に入っているなら確率加重関数とは無縁ではない。

また、抽選キャンペーンにおいても、確率加重関数の影響が生まれる。たとえば、「1万円以上お買い上げの方に、抽選で○○をプレゼント」というメッセージである。当たる確率は低いにもかかわらず、抽選に当たるという期待が高まる。その結果、1万円を超えるような予定外の追加出費をしてしまうわけだ。

以上の例からわかるように、確率を額面どおりに受け入れないので悲観と楽観を持ち合わせている。

参考文献

Michelle Baddeley, "Behavioural Economics: A Very Short Introduction," Oxford Univ Press, 2017.［ミシェル・バデリー（土方奈美訳）『エッセンシャル版 行動経済学』早川書房、2018年。］

Daniel Kahneman and Amos Tversky," Prospect Theory: An Analysis of Decision under Risk," Econometrica: 47, 263-292, 1979.

警察庁交通局『令和2年中における交通死亡事故の発生状況及び道路交通法違反取締り状況等について』、2021年。

高橋昌一郎（監修）『絵で分かるパラドックス大百科：増補第2版』ニュートンプレス、2021年。

友野典男『行動経済学：経済は「感情」で動いている』光文社（光文社新書）、2006年。

第 II 部

認知バイアスへの統計学的アプローチ

コップ半分の水を見て、
「もう半分しかない」と思う人もいる一方で、
「まだ半分もある」と考える人もいる。
同様に、同じグラフや調査結果の数値を見ても、
そこから読み取るメッセージは人によって異なるし、
それは受け手の自由だ。
しかし、データが公開されるまでの過程において、
何らかの理由によって情報が歪んでいたとしたら
話は少し変わってくる。
数値を正しく読み取るために知っておきたい
認知バイアスを第Ⅱ部で見ていく。

統計学系
バイアス

01

平均に安住してはいけないし、平均以下であることを恐れてもいけない。

平均による誤謬

Mean Fallacy

意　味　実際の分布を無視して、常に平均値の周辺にデータが多く分布していると思い込んでしまうこと。

関　連　アンスコムの数値例(→100ページ)

「平均」に対する正しい解釈ができているか？

統計学では、得られたデータの特徴をわかりやすく簡単にまとめて表現することがある。その中で私たちにとって最も身近なものは「平均」を求めることだろう。平均気温、平均寿命、平均株価など「平均」とつく言葉は私たちのまわりに多く存在する。しかし、**その性質を正しく理解していないと誤った判断をする**こともある。

例として、日本全国の世帯所得のデータについて考えてみよう。2019年に行われた調査では、2018年時点の全国の平均世帯所得は約552万円であった。では、この世帯所得の平均値について述べた①～③の文章の中で正しいものはいくつあるか考えてほしい。

① 日本全国に5000万世帯あったとすると、世帯所得の合計は552万円×5000万世帯で求めることができる。

② 世帯所得金額を低い順に並べるとき、順位が全体の50%にあた

る金額は552万円である。

③ 各世帯の所得を「100万円以上200万円未満」「200万円以上300万円未満」のようにグループ分けしたとき、「500万円以上600万円未満」に入る世帯が最も多い。

直感と異なるデータ

さて、前項の3つの文章の中で正しいのは①だけである。

もし、②、③も正しい文章だと感じたならば、**平均による誤謬**を犯しているといえるだろう。②、③の文章はそれぞれ平均値とは異なる値について述べた文章である。実際に所得金額別の世帯数の分布（図1）を見て②、③が誤りであることを確認しよう。

②は**中央値**と呼ばれる数値について述べている。中央値は**データの数値を小さい順に並べたとき、ちょうど真ん中にあたる数値**のことを指す。図1を見ると、中央値は437万円となっており、平均値（552万円）と大きく異なっていることがわかる。

次に③は**最頻値**と呼ばれる値について述べている。これは、**データの中**

図1　所得金額階級別世帯数の度数分布

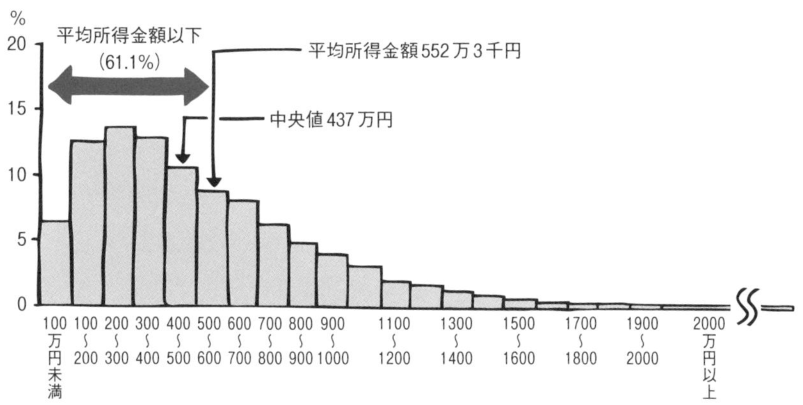

参考：国民生活基礎調査の概況Ⅱ各種世帯の所得等の状況、厚生労働省、2019年

で最も出現頻度の高い値のことを指す。図1を見れば、所得が200万円から300万円の世帯が最も多く、やはり平均値とは異なっていることがわかるだろう。

②、③が誤った記述であることが実感にそぐわないという人もいるかもしれない。その理由は、**「平均値に近い値のデータが多数存在するような左右対称の釣り鐘型の分布」を無意識に想定してしまうから**である。このような分布の場合、平均値、中央値、最頻値はほぼ一致する。

しかし、どのデータでもそのような分布になるとは限らない。改めて世帯所得の分布を見ると、世帯所得が高額なごく少数のデータが存在しているため、明らかに左右対称ではないことがわかる。このような極端に大きい、または小さい値を**外れ値**と呼び、**平均値は外れ値の影響を強く受ける**ことが知られている。

外れ値による影響とは？

平均値に対する外れ値の影響を考えるために簡単な例を見てみよう。

図2は9人の年収を表しており、左から年収が低い順で並んでいる。

まず、上の左右対称な場合を考えてみると9人の平均年収は400万円であり、この金額は中央値・最頻値とも一致している。では、下のように最も高い年収の金額が600万円から1500万円に変わったとすると、各値はどのようになるだろうか。

1500万円という金額はほかの8人の年収と比べても明らかに高いことがわかる。しかし、1人が極端に大きい金額に変わったとしても中央値・最頻値に変化はない。一方で平均値は400万円から500万円と大きく変わってしまう。

このように**外れ値を含むデータでは、平均値が影響を受けて大きく変化してしまい、データ全体の50%の値を表していない可能性がある。**

図２　極端な値が含まれると平均値が影響を受ける

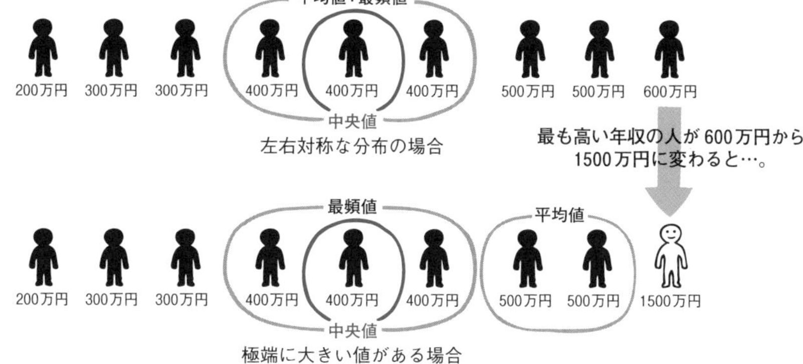

平均以外にも目を向けよう

あなたが就職活動をしているとして、同じ業界の中だったらできるだけ平均年収の高い企業に就職したいと考えることは自然だろう。しかし、社内でもわずかしかいない高収入の社員が含まれていれば平均値は押し上げられる。したがって、中央値や最頻値を調べたほうがその会社の実態がわかるかもしれない。

冒頭で述べたように、「平均」がつく言葉は数多く存在する。しかし、それらの値だけではデータの特徴を表せない。平均による誤った判断を防ぐために、平均値が常にデータの中央の値を意味するわけではないこと、平均値以外にもデータの特徴を表す方法があることを知っておこう。

参考文献

Darrel Huff, "How to Lie with Statistics," W. W. Norton & Company, 1954.［ダレル・ハフ（高木秀玄訳）『統計学でウソをつく法』講談社（ブルーバックス）、1968年。］

阿部真人『データ分析に必須の知識・考え方 統計学入門:仮説検定から統計モデリングまで重要トピックを完全網羅』ソシム、2021年。

神永正博『不透明な時代を見抜く「統計思考力」』ディスカヴァー・トゥエンティワン、2009年。

統計学系
バイアス

02

数字に惑わされず、正しくデータを解釈するために必要なこと。

アンスコムの数値例

Anscombe's Quartet

意味 分布が異なっている複数のデータにおいて平均などの統計量が一致する現象を紹介した例。

関連 平均による誤謬(→96ページ)

「アンスコムの数値例」とは?

統計学では、データがどのような傾向にあるかを見るために平均値と**標準偏差**の2種類の数値が計算されることがある。平均値については前節で解説した。一方、標準偏差とは**データのばらつき具合を表した統計的指標であり、各データが平均に近い値であれば小さく(0に近づく)、大小に平均とは異なる値**を示していると大きい値となる。

表1は、**アンスコムの数値例**(Anscombe,1973)と呼ばれる4つのデータについてまとめたものである。この数値例はA～Dの4つのグループに対してそれぞれ、11個のデータが与えられており、各グループの平均と標準偏差をまとめている。アンスコムの数値例は、実際のデータではなく仮想的につくられたデータであるため、xとyが何を表しているのかは明らかにされていない。イメージしやすくするために2科目の成績や身長と体重のような関係が見られる変数と考えてほしい。

表1　アンスコムの数値例

	グループA		グループB		グループC		グループD	
	x	y	x	y	x	y	x	y
平均	9.0	7.5	9.0	7.5	9.0	7.5	9.0	7.5
標準偏差	3.3	2.0	3.3	2.0	3.3	2.0	3.3	2.0

さて、表1ではA～Dにおいてxとyの平均・標準偏差がともに同じ値であることがわかる。このとき、A～Dのデータは同じ傾向を持つデータであると考えられるだろう。

しかし、A～Dのデータをグラフにした図1を見てほしい。それぞれのグラフを見てみると、A～Dのデータの傾向は明らかに異なることがわかるだろう。このようにアンスコムの数値例は、**データの傾向を示す値が等しくなる4種類の異なるデータが示されたもの**である。

図1

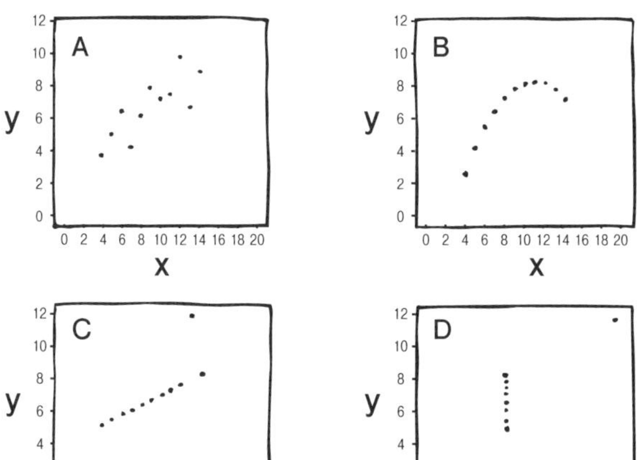

参考：Francis Anscombe, "Graphs in Statistical Analysis," The American Statistician: 27, 17-21, 1973.

数値だけでは読み取れない情報

なぜ、アンスコムの数値例が示されたのか。その理由には、数値計算と比べてデータの可視化が重要視されていなかったという背景がある。

たとえば、図1のAのグラフを見たとき、平均や標準偏差を読み取ることはできない。そのため、計算によって平均や標準偏差を求めてデータの傾向を判断することが重要であると考えられていた。

しかし、表1と図1を比べれば、可視化を行う意味がわかってもらえるのではないだろうか。平均や標準偏差を計算することも重要ではあるが、この2つの数値からデータがどのような分布をしているのか正確に判断できる人は極めて少ないだろう。

たとえば、図1のC、Dのグラフを見ると明らかに他のデータと異なる値（外れ値）を持つデータがある。ところが表1を見ただけでは外れ値が含まれていることはわからない。グラフを用いて可視化すればより簡単に判断することができる。

データを可視化する意義

本来、アンスコムの数値例は、統計分析において、グラフなどを用いてデータを可視化することの重要性を示しているが、私たちの日常生活においてもデータの可視化は大いに役立っている。

たとえば天気予報。そもそも、天気予報は統計学の応用分野であり、過去の膨大な気象データから今後の天気を予測するものである。降水確率は、天気予報で統計学が使われている代表例だろう。

日本全国もしくは一部地域の地図上に晴れや雨を示すイラストとともに降水確率や気温といった情報がまとめられた図が天気予報では使われている。他にも、雨雲レーダーのような雨雲の位置をリアルタイムで見ることのできるツールもある。雨雲レーダーを見れば、今まさに雨が降っている地域が確認でき、降水量を色によって判断することができる。

普段から見慣れた天気予報ではあるが、文章や音声のみで伝えられた場合には情報を正しく理解することは難しい。反対に、**具体的な説明がなくとも可視化された情報さえあれば、短時間で正しく理解できる**だろう。

データで読み取れない情報は
ビジュアルで

年間売上推移

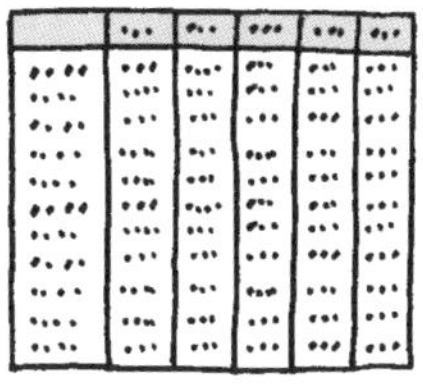

年間売上推移

正しく判断をするために

データをグラフによって可視化することで、数値などから読み取れない情報を読み取ることができる。こうしたグラフは私たちが判断をする際の根拠となる場合がある。

一方で、恣意的に可視化されたグラフも存在する。

たとえば、新聞やネットニュースでは、インパクトのある数値や情報が目立つようにグラフにされている場合がある。このような場合、どうしてもそれらに目を向けてしまい、記事に書かれている主張が正しいと鵜呑(うの)みにしてしまうことがある。そうしたグラフから読み取れた情報は誤った情報である可能性が高い。データの可視化の重要性を理解するとともに第三者によって歪められたグラフの危険性についても知っておくべきだろう。

参考文献

Justin Matejka and George Fitzmaurice, “Same Stats, Different Graphs: Generating Datasets with Varied Appearance and Identical Statistics through Simulated Annealing,” Proceedings of the 2017 CHI Conference on Human Factors in Computing Systems: 1290-1294, 2017.

神永正博『不透明な時代を見抜く「統計思考力」』ディスカヴァー・トゥエンティワン、2009年。

統計学系
バイアス

03

ウソ・大げさ・紛らわしい棒グラフは誰にでも簡単につくれてしまう。

棒グラフの誤用

Misuse of Bar Charts

意　味	誤った棒グラフを作成することで、グラフを見た者の判断に影響を与えること。
関　連	折れ線グラフの誤用（→108ページ）、3Dグラフの誤用（→112ページ）、絵グラフの誤用（→116ページ）

誤解を与えたり、騙すためのグラフが存在する

日常的に使われるグラフとしては、棒グラフ、折れ線グラフ、円グラフが思いつく。これらは、小・中学校の教科書に使われるなど一般的なグラフだといえるだろう。

グラフの利点は、大量のデータを1枚の図として表現でき、データから視覚的に情報を読み取れるということにある。実際に、テレビや新聞のニュースではグラフを使って説明をする場面を見る。また、企業の広告などでは、商品やサービスの効果をグラフにして宣伝する場合もある。

このように、グラフは私たちの生活の中で当たり前のように使われている。そのため、私たちは普段から目にするグラフを判断の基準とすることがある。

しかし、ニュースや広告の中でも私たちの誤解を招くようなグラフが使われる場合もある。ひどい場合には、**私たちを騙す目的でグラフが使われ**

ている場合もあるだろう。こうしたグラフの誤用に騙されないためにも、グラフの注意すべき点について知っておくべきである。

ここでは、**棒グラフの誤用**について見ていこう。

目盛りが省略されたグラフ

まず、棒グラフは、名前のとおり数量の大小を棒の長さによって表したグラフのことを指す。そのため、自社と他社の年間売上の比較といったように複数の値を比較する際によく使われる。

棒グラフには、棒の長さを測るための目盛りがつけられるが、棒グラフの誤用として最も多い例は、目盛りの一部を省略することが挙げられる。

仮のデータを使って簡単な例を示そう。

まずは、図1のグラフを見てほしい。このグラフは、ある製品を販売しているA社、B社、C社の利用者満足度を示しているとする。ここで、このグラフがA社の広告に使われており、広告には、「利用者満足度No.1」の文字が大きく書かれていたとしよう。さて、この宣伝は妥当だといえるだろうか。

確かにグラフを見ると、A社の満足度が最も高い。したがって、利用者満足度No.1という広告が誤りというわけではなさそうだ。しかし、グラフの左側に示された目盛りの下部を見ると、0%からではなく95%から始まっており、目盛りが省略されていることがわかる。

図1　目盛りが省略されたグラフ

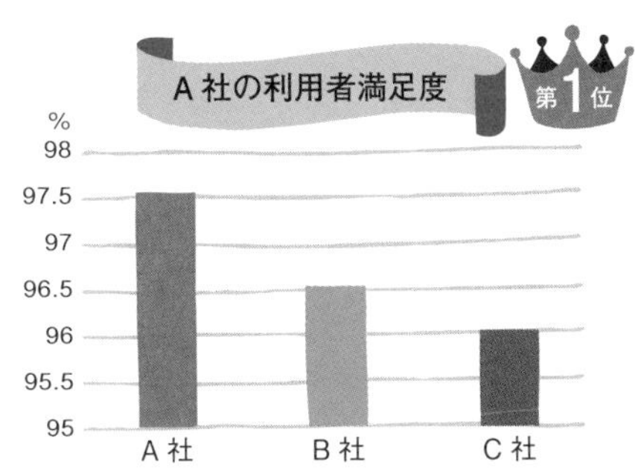

A社が他者よりも2倍、3倍も大きく見えるが…。

一方で、目盛りが省略される前のグラフ（図2）を見ると、A社、B社、C社に大きな差はないことがわかる。つまり、A社が宣伝する利用者

図2　目盛りが省略される前のグラフ

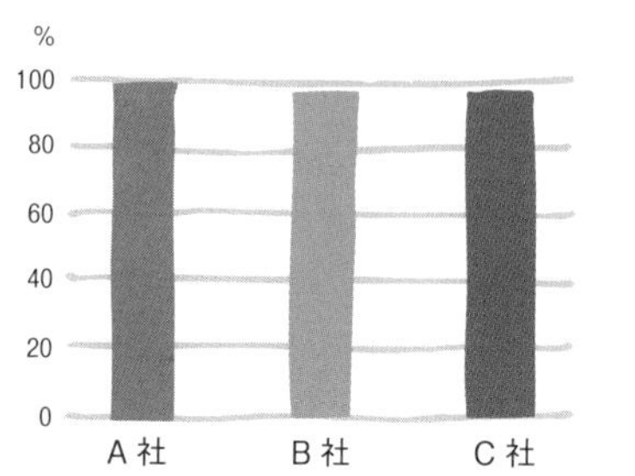

3社にほとんど差がないので、A社がトップであることを大きく取り上げるのは違和感がある。

満足度の差について広告に載せるほどの意味があるかは疑問が生じるのである。

この例で示したように、**目盛りの省略には、実際にはわずかな差しかないにもかかわらず、大きな違いがあるように見せるという効果がある。**もっと悪質な場合には、目盛りのないグラフが使われる場合もある。見せかけのグラフにごまかされないためにもグラフの目盛りには注意しよう。

誤ったグループ化がされたグラフ

棒グラフの誤用例として、アンケートの結果を年齢ごとに分けてグラフにするような場合を考えよう。図3はある製品の利用者数を年齢別にグラフにしたものとする。このグラフを見ると、10～20代の利用者数が最も多いことから、「この製品は若い世代に利用されている」と思われるかもしれない。

図3　誤ったグループ化のグラフ

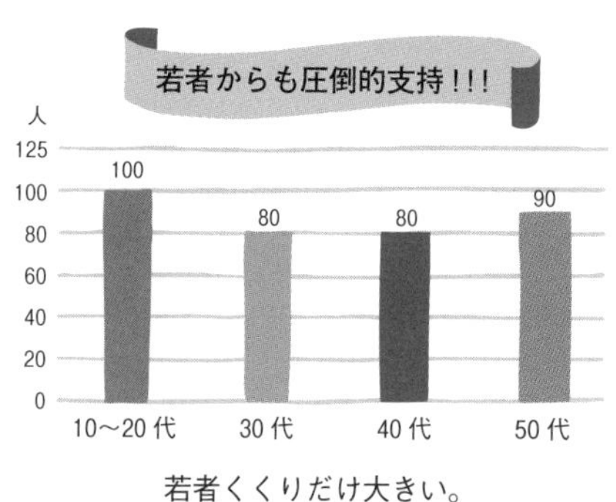

若者くくりだけ大きい。

さて、図3のグラフにおける誤用はわかるだろうか。注目すべき点は、横軸の年齢を表す区分である。各年齢の区分の中で、10～20代のみ1つのグループにまとめられていることがわかる。その結果、10～20代の利用者数が最も多くなっている。つまり、実際には若い世代の利用者が他の世代よりも多いとは断定できないのである。

特定の区分のみ誤ってグループ化してしまう例は棒グラフに限らず、円グラフでも見られる。このようなグラフができる要因としては、「この製品は若者に売りたい」というような方針に基づいて、その方針に合うようにグラフを作成してしまう可能性が考えられる。

誤解をしない・与えないために

棒グラフの誤用例からわかるように、目盛りの省略等によって簡単に誤解を与えるようにグラフをつくることや自身の主張に合わせてグラフを作成することもできてしまう。こうしたグラフがメディアで取り上げられれば、私たちの判断に影響を与えることは想像できるだろう。

一方で、棒グラフはビジネスの場面でも多く使われるグラフである。したがって、普段の仕事の中で誤ったグラフを作成してしまうことがあるかもしれない。グラフを見る場合でもつくる場合でも誤解を与えるような棒グラフには注意してほしい。

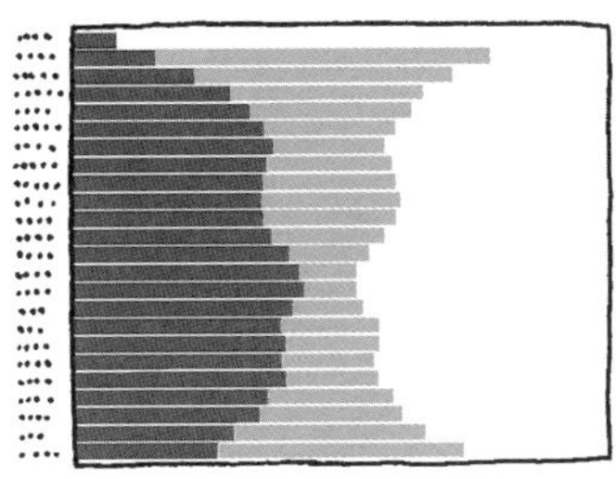

参考文献

Alberto Cairo, "How Charts Lie: Getting Smarter about Visual Information," W. W. Norton & Company, 2019. [アルベルト・カイロ（藪井真澄訳）『グラフのウソを見破る技術』ダイヤモンド社、2020年。]

Darrel Huff, "How to Lie with Statistics," W. W. Norton & Company, 1954.[ダレル・ハフ（高木秀玄訳）『統計学でウソをつく法』講談社（ブルーバックス）、1968年。]

Gary Smith, "Standard Deviations: Flawed Assumptions, Tortured Data, and Other Ways to Lie with Statistics," Harry N. Abrams, 2014.[ゲアリー・スミス（川添節子訳）『データは騙る：改竄・捏造・不正を見抜く統計学』早川書房、2019年。]

折れ線グラフを使って正しい変化を表すことができますか？

統計学系バイアス

04 折れ線グラフの誤用

Misuse of Line Charts

意味 他者に誤解を与えるような折れ線グラフを作成してしまうこと。

関連 棒グラフの誤用（→104ページ）、3Dグラフの誤用（→112ページ）、絵グラフの誤用（→116ページ）

数値の変動を表す折れ線グラフ

地球温暖化の影響によって、海面の上昇や異常気象が多発するといった問題が起こるといわれている。

さて、実際に温暖化が進行しているのかを確認するためには、長期的な気温の変化を確かめる必要がある。このような時間の変化に伴う数値の変動を見たい場合に使われるのが折れ線グラフであり、棒グラフ同様にテレビや新聞、企業の広告などにもよく使われている。しかし、**私たちに誤解を与えるような誤った使い方をされた折れ線グラフ**も存在する。

目盛りは0から始めるべきか

棒グラフと同じように折れ線グラフにも数値を示す目盛りがついている。そのため、棒グラフと同じく目盛りを0から始めるべきだと思われがちであるが、折れ線グラフでは必ずしも目盛りが0から始まる必要はない。

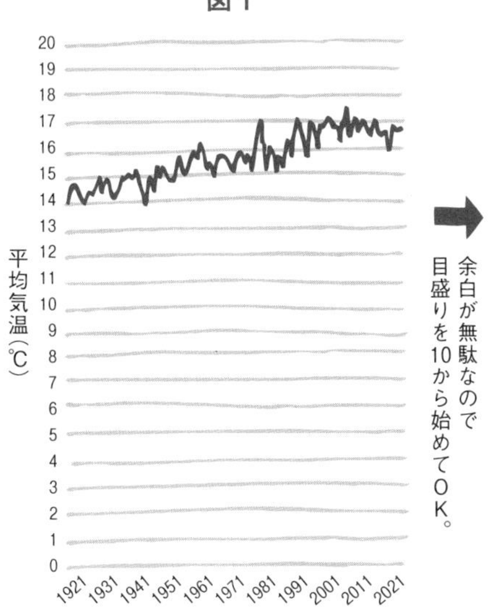

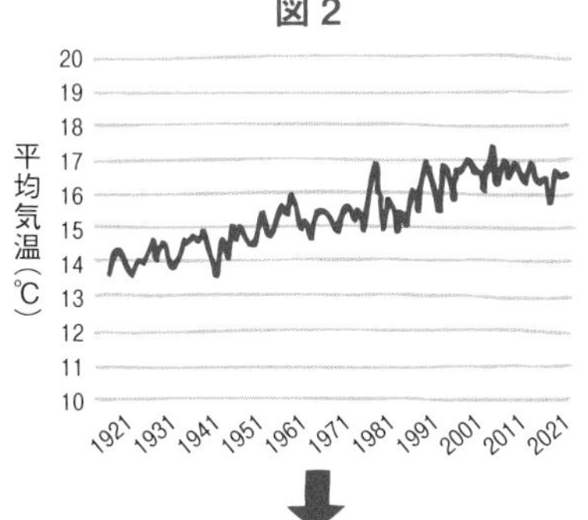

目盛りの幅を変えると折れ線が平坦になり、
温度の変化を実感しづらくなる。

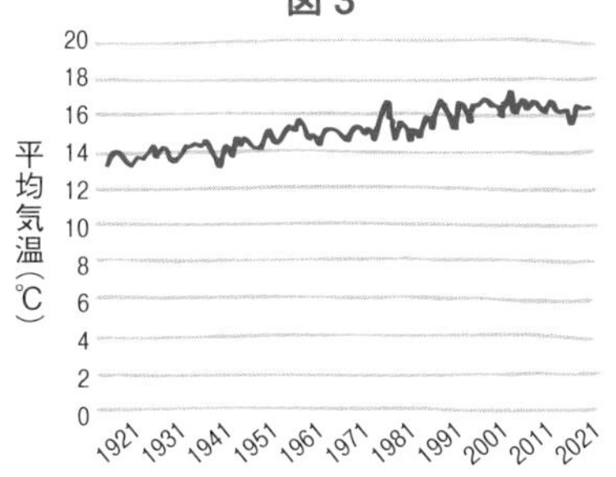

東京都の年平均気温の変化を示した2つのグラフ（図1、図2）を見てほしい。図1はグラフの目盛りを0℃から始めているのに対し、図2では、縦軸の目盛りが10℃から始まっている。しかし、目盛りの開始位置は違うが、数値の変動自体には変化がないことがわかる。つまり、目盛りが0から始まっていなくともグラフの解釈は変わらないのである。むしろ、図1を見ると、0から始まることで必要ない余白が増えているため、このような場合は、目盛りを省略したほうがいい。

しかし、折れ線グラフの目盛り間隔が変化してしまう場合には注意するべきである。図3は図1の目盛り幅を変化させている。このとき、図3を見ると数値の変化量が小さくなっていることがわかる。図1と図3は同じデータをグラフにしているにもかかわらず、目盛り幅が異なるためグラフによって解釈が変わってしまう可能性がある。

次に折れ線グラフでは、横軸の目盛りについても注意する必要がある。主に、横軸には年月のような時間が設定される。この横軸の目盛りを歪めることで、実際の変動とは異なる印象を与えることができる。

1年間のある商品の売上を想定したグラフ（図4）を見てほしい。1月から7月までは売上は上昇するものの、その後11月まで減少していたことがわかる。

次に、図4の横軸を8月から11月まで省略したグラフ（図5）を見ると、同じデータをグラフにしたにもかかわらず図4とは明らかに異なることがわかるだろう。一部の横軸を省略した結果、売上の減少がグラフに表れず、売上の増加が続いているように見せることができてしまう。

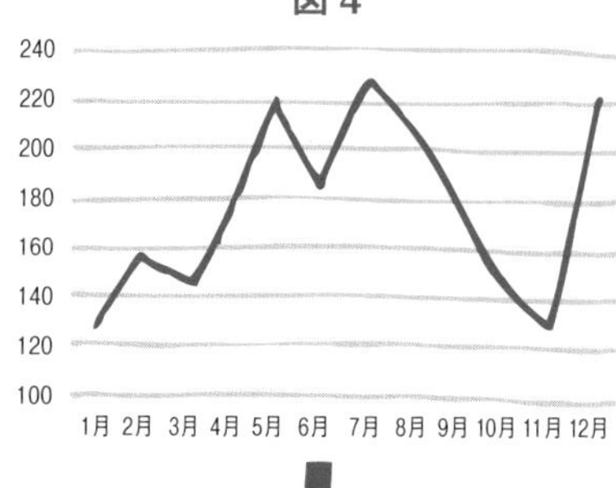

8-11月を省略すると、あたかも右肩上がりのような印象を与えてしまう。

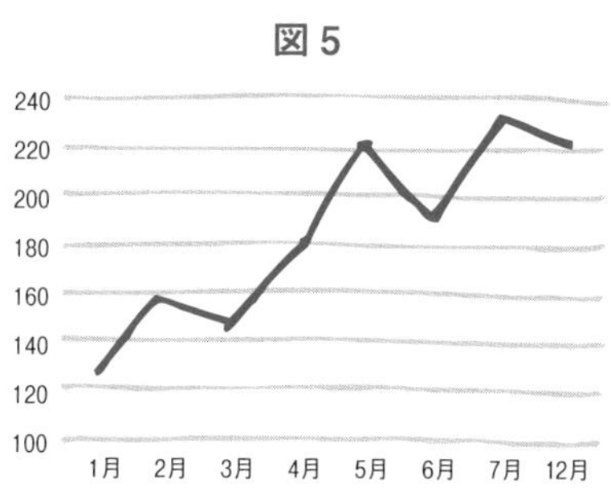

このように、恣意的に横軸を省略することで本来あるはずの変動が隠されてしまう。**折れ線グラフを見るときは、縦軸だけではなく、横軸にも注意を向けてほしい。**

誤解を招く2軸グラフ

気温と降水量のように異なる数量を1つのグラフにしたい場合がある。このとき使われるグラフが2軸グラフである。2軸グラフは、その名前のとおり、数量を表す目盛りが左右につけられたグラフのことである。このグラフについても誤解を与えてしまう場合がある。

2つの製品AとBの売上を想定したグラフ（図6）を見てほしい。さて、このグラフから製品Aと製品Bのどちらの売上金額が高いか読み取ってほしい。

図6

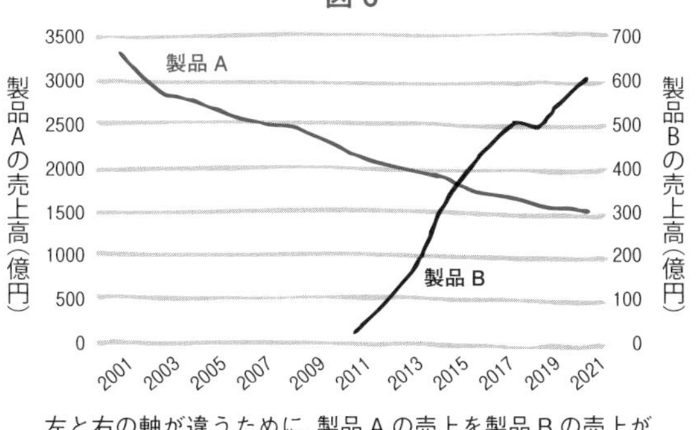

左と右の軸が違うために、製品Aの売上を製品Bの売上が逆転しているように見せてしまう。

まず、グラフからわかることとして、製品Aの売上は減少しており、製品Bは増加していることがわかる。そして、2015年以降から製品Bの売上が製品Aの売上を上回ったように見える。

しかし、このグラフの左右の目盛りを見ると、値が大きく異なることに気づくだろう。そのことを踏まえると、製品Bの売上は製品Aの売上の半分にも満たないことが読み取れる。

このように、**2軸グラフでは、起こっていないはずの逆転をあたかも起こったかのように見せることができてしまう。**なぜ、そのような現象が起こるのか。今回の例でいえば、売上高という同じ数量を2軸グラフで比較していることが原因である。

先にも述べたように2軸グラフは、気温と降水量のような単位の異なる数量のグラフを1つにまとめるために使われている。したがって、製品Aと製品Bの売上高を比較するために、わざわざ目盛りを2つに分ける必要はないだろう。こうした2軸グラフの誤用は、しばしば見受けられる。また、簡単に印象操作を行うこともできてしまうので、グラフを見るときは気をつけるべきだ。

参考文献

Alberto Cairo, "How Charts Lie: Getting Smarter about Visual Information," W. W. Norton & Company, 2019. [アルベルト・カイロ(薮井真澄訳)『グラフのウソを見破る技術』ダイヤモンド社、2020年。]

Carl Bergstrom and Jevin West, "Calling Bullshit: The Art of Skepticism in a Data-Driven World," Random House, 2020.[カール・バーグストローム／ジェヴィン・ウエスト(小川敏子訳)『デタラメ データ社会の嘘を見抜く』日本経済新聞出版、2021年。]

グラフのかっこいいデザインが、正しい情報を読めなくする。

3Dグラフの誤用

Misuse of 3D Graphs

意味 必要性のない立体的に見せるデザインを加えてグラフを描くこと。

関連 棒グラフの誤用（→104ページ）、折れ線グラフの誤用（→108ページ）、絵グラフの誤用（→116ページ）

立体的なデザインを施したグラフ

もし、あなたが宣伝用の広告をつくることになり、グラフを載せるとなったなら、どのような部分に気をつけるだろうか。

当然、グラフを見ただけで情報が伝わることは重要ではある。しかし、広告を見てもらえなければ意味がない。そのため、グラフのデザインについても重要視するのではないだろうか。実際に企業の広告などを見ると、目を引くデザインのグラフが多くある。

グラフにデザインを加えた一例として3Dグラフがある。その名前のとおり、立体的に見せるデザインを施されたグラフのことでメディアや広告などで使用されている。

その一方で、こうした**立体的なデザインによって、私たちは誤った情報を読み取ってしまうこと**がある。

ここでは、**3Dグラフの誤用**について紹介しよう。

円グラフの3D化

3Dグラフの代表的な例は円グラフだ。一般的な円グラフの一例として、図1のグラフを見てほしい。この図のように円グラフは、円全体を100%として、各項目の全体に占める割合を面積で表したグラフである。したがって、図1の項目C（20%）は項目D（10%）の2倍の面積になっており、項目ごとの数値の比と面積の比が対応している。

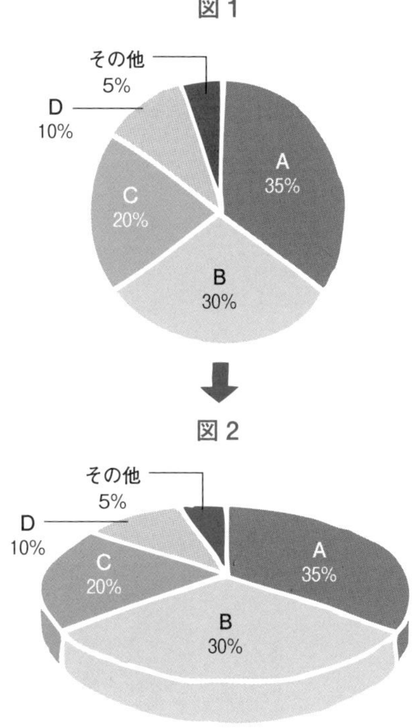

平面の円グラフを立体にしたことで、数値と面積の比が対応しなくなる。

では、この円グラフを3Dグラフにした図2を見てみよう。図1と図2を比べるとどうだろうか。図1で受けた印象と異なる印象を図2から受けるのではないだろうか。特に、図2の手前に位置する項目Bは項目Aよりも面積が大きくなっていると感じる人もいるだろう。これこそが3Dグラフを利用する問題点である。

図2では、グラフに対して、立体的な効果を取り入れることで奥行きが生まれている。それにより、**手前に位置する項目Bが実際よりも大きく見えるようになってしまった**のである。その結果、数値の比と面積の比が対応しておらず誤ったグラフとなってしまう。

棒グラフの3D化

このような、3Dグラフの利用によって誤解を招く例は、円グラフだけ

図3

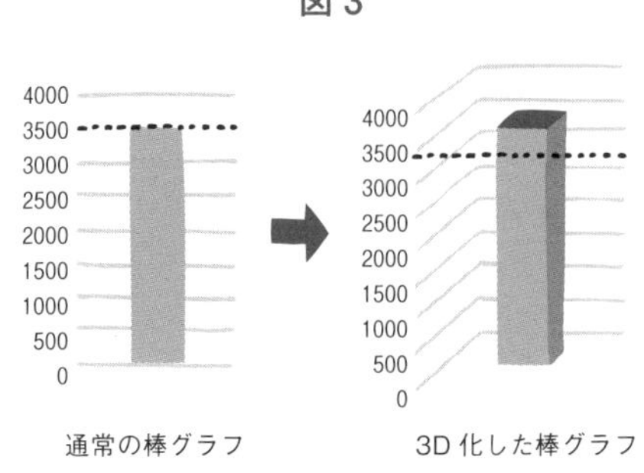

棒グラフを3D化すると、
数値を誤認させる恐れがある。

図4

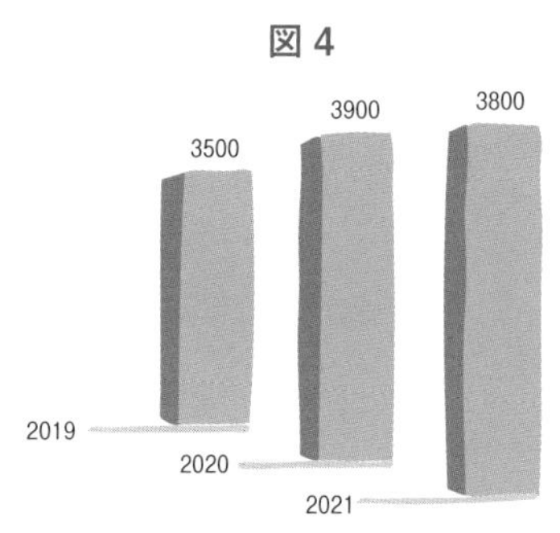

遠近法を用いることで、
年々数が増えているよう錯覚させる。

ではなく棒グラフでも起こる場合がある。

一例として、数値を3500とした場合の棒グラフと立体的なデザインを加えたグラフを比較した図3を見てほしい。各グラフの黒い点線は、3500を表す目盛りの位置を示している。

さて、このグラフを見たとき、3500という数値が読み取りやすいグラフはどちらだろうか。通常の棒グラフの場合、棒グラフの高さと目盛りの位置がそろっているため、数値はおよそ正しく読み取ることができる。一方で、**3Dグラフの場合、棒グラフの高さと目盛りの位置がそろわない。**そのため、数値を誤解してしまう恐れがある。

棒グラフに立体的なデザインを加えた例としては、他にも図4のようなグラフもある。このようなグラフは、しばしば、企業の実績や進学塾・予備校の合格実績をアピールする際の広告に利用されていたりする。

単に3つの棒グラフを横に並べるのではなく、奥行きがあるように見せているため、図2の3D円グラフと同じように**手前にあるグラフが大きく、奥に位置するほど小さく見えるような視覚的効果がある。**

図4を見れば、2020年から2021年にかけて数字で見れば3900から3800へと減少していることがわかる。しかし、グラフだけを見ると2020年か

ら2021年は上昇しているように見えるのではないだろうか。つまり、仮に実績が上昇していなかった場合でも、このグラフを見せれば、あたかも実績が上昇しているかのように錯覚させることができる。

そもそも3Dグラフは必要か?

3Dグラフが使われる目的の多くは、デザインでより多くの人の印象に残るようにするためだ。グラフを見やすくするという考えもあるかもしれない。グラフの制作者の立場で考えれば、マーケティングやビジネスにおける資料づくりでは、1つのテクニックであるといえるかもしれない。

しかし、グラフを見る側の立場で考えると、3Dグラフによって得られる視覚的効果は、グラフを読み取るためにはまったく必要ない情報である。**グラフに過度なデザインを加えることによって、本来のデータが持つ情報を歪ませてしまい、正しくグラフを読み取ることが難しくなる。**結果として私たちは3Dグラフを見たとき、正しいグラフを想像して考えなければならない。

正しく情報を伝えるためには3Dグラフの使用はなるべく避けるべきだろう。3Dグラフを作成するのであれば、少なくともグラフを読み取るために図2や図4のように数値を補うべきである。あなたが3Dグラフを見たときは、通常のグラフ以上に注意して見るべきだろう。

参考文献

Alberto Cairo, "How Charts Lie: Getting Smarter about Visual Information," W. W. Norton & Company, 2019. [アルベルト・カイロ(薮井真澄訳)『グラフのウソを見破る技術』ダイヤモンド社、2020年。]

Carl Bergstrom and Jevin West, "Calling Bullshit: The Art of Skepticism in a Data-Driven World," Random House, 2020. [カール・バーグストローム/ジェヴィン・ウエスト(小川敏子訳)『デタラメ データ社会の嘘を見抜く』日本経済新聞出版、2021年。]

Howard Wainer, "How to Display Data Badly", The American Statistician: 38, 137-147, 1984.

統計学系
バイアス

06

グラフからは数値だけではなく、作成者の意図も読み取ろう。

絵グラフの誤用

Misuse of Pictographs

意味 絵グラフを作成するとき、数値とイラストの大きさが対応しないグラフを作成すること。

関連 棒グラフの誤用（→104ページ）、折れ線グラフの誤用（→108ページ）、3Dグラフの誤用（→112ページ）

絵グラフによる数値の比較

ここまで、棒グラフ、折れ線グラフ、3Dグラフの誤用について紹介してきた。棒グラフや折れ線グラフは見慣れたグラフであるという点で有用なグラフである。こうした一般的なグラフに対して、項目に関するイラスト等を使ってデータをわかりやすく伝える方法がある。その一例が**絵グラフ**である。絵グラフの簡単な例を説明しよう。

ある自動車メーカーの自動車の販売台数を考えてみる。このメーカーは、昨年の販売台数が200万台であり、今年は400万台になっ

図1

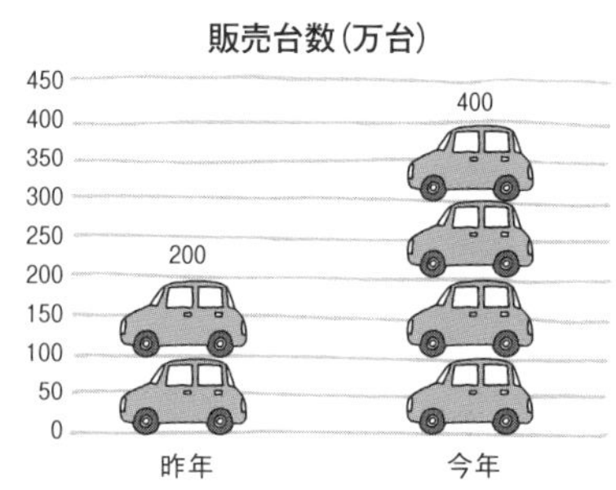

販売台数の比較がイラストとともにわかりやすく示されている。

た。このメーカーの社員が販売台数についてグラフ（図1）を作成した。

さて、このグラフの見方は棒グラフと同じである。ただし、数値を表す部分が自動車のイラストになっている。つまり、棒グラフに対して、自動車のイラストを用いることで、自動車の販売台数についてのグラフであることがわかりやすくなっている。

面積による比較の落とし穴

一方、自動車の販売台数について別の社員が図2のようなグラフを作成した。しかし、このグラフでは誤りがあるのだが、気づいただろうか。その誤りが、絵グラフを使用するうえでの最も注意すべき点である。

改めて、図1と図2のグラフを見比べてほしい。昨年と今年の販売台数の差が大きく見えるのはどちらだろうか。恐らく、図2のほうが大きく見えるのではないだろうか。

まず、図1のグラフは、自動車のイラストの数が販売台数に対応しており、イラストの数が2倍になっていることがわかる。一方で、図2を見てみると、イラストの大きさで数値を表していることがわかる。このとき、今年の販売台数を表すイラストの高さが昨年の台数を表すイラストの2倍になっている。

図2

イラストの大きさが４倍になっているために、
販売台数２倍以上の伸びがあるように誤認させるおそれがある。

しかし、図2では高さを2倍にすると同時に横幅も2倍になっていることがわかる。つまり、縦と横の2倍の長さになるため、今年のイラストは昨年と比べて4倍の大きさとなる。したがって、**実際の数値差以上にイラストによって差があるかのように錯覚させる**ことができてしまう。

図2のように、イラストの縮尺を使って実際の数値の差を表そうとするとき、単純に数値の比を縮尺に当てはめるとこのような間違いを犯すことになる。

インク比の原則

実際の数値を面積によって視覚化して比較するとき、その面積は数値に釣り合った大きさでなければならない。これを**インク比の原則**(Bergstrom & West, 2020)という。棒グラフの誤用として、目盛りが0から始まらなければならないことはすでに述べた。これもインク比の原則が守られていないためである。

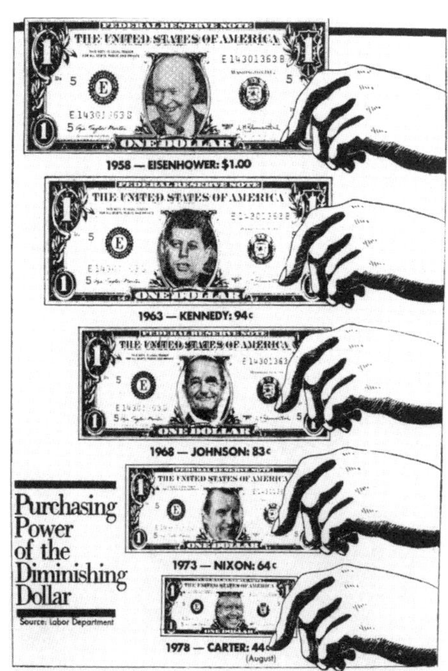

参考:Howard Wainer, How to Display Data Badly, The American Statistician, 38, 137-147, 1984.

インク比の原則が無視されたグラフの実例として、アメリカの日刊紙であるワシントンポストの1978年の記事のグラフの誤用がある(左)。1958年から1978年までのアメリカドルの購買力を示したグラフであり、1958年の購買力を基準として1ドル紙幣の大きさでグラフとして数値化している。

こうしたグラフは見慣れない

かもしれないが、基本的には棒グラフと同じように解釈することができ、紙幣の横幅が数値に対応している。このグラフの間違いは横幅が変化するとともに縦幅も変化していることである。1958年のグラフ（最上部）と1978年のグラフ（最下部）を比較すれば、その差ははっきりとするだろう。

このようなグラフを実際に新聞記事として記載すれば、読者に対して数値の差以上の印象を与えてしまう。しかし、この方法は読者への印象操作に他ならない。

私たちはグラフによって印象操作されているかも

最近では、簡単なグラフの作成自体はパソコンのソフトウェアと多少の知識があれば誰でも作成することができるようになった。そのため、メディアや広告など、私たちの身の回りにもグラフは多く利用されている。

こうして便利になった反面、グラフは作成者の主張に合うようにつくることもできるようになった。これまでに述べたグラフの誤用もメディアや広告でもしばしば使われる。これらの誤ったグラフは、作成者が無意識に作成している場合もあれば、悪用されているケースもあるだろう。もし、悪用されているのであれば、私たちは知らず知らずのうちに印象操作を受けているかもしれない。

今後、グラフを見る側であっても、つくる側であっても、グラフの誤用には普段から注意を向けるようにしたい。

参考文献

Alberto Cairo, "How Charts Lie: Getting Smarter about Visual Information," W. W. Norton & Company, 2019.［アルベルト・カイロ（薮井真澄訳）『グラフのウソを見破る技術』ダイヤモンド社、2020年。］

Carl Bergstrom and Jevin West, "Calling Bullshit: The Art of Skepticism in a Data-Driven World," Random House, 2020.［カール・バーグストローム／ジェヴィン・ウエスト（小川敏子訳）『デタラメ データ社会の嘘を見抜く』日本経済新聞出版、2021年。］

Darrel Huff, "How to Lie with Statistics," W. W. Norton & Company, 1954.［ダレル・ハフ（高木秀玄訳）『統計学でウソをつく法』講談社（ブルーバックス）、1968年。］

調査対象の人数は同じでも、その属性の偏りによって結果は大きく変わる。

標本の偏り

Sampling Bias

意味	調査の対象となる集団から無作為に対象者を選ばないことで調査結果に偏りが生じること。
関連	自己選択バイアス(→124ページ)、回答バイアス(→238ページ)、観察者効果(→250ページ)

データを集める目的は何か

統計学を使って分析を行ううえで必要不可欠なものがデータである。私たちの生活の中でもデータが集められている。あなたがネットショッピングを利用していたとすれば、過去の購入履歴はデータとして収集されているだろう。それがあれば、各顧客の購入商品の傾向を読み取ることができ、それぞれにあった商品を勧めることができる。

データを集める目的の1つは、それぞれのデータを分析し、全体の傾向を把握することにある。

簡単な例としてくじ引きをイメージしてほしい。箱の中のくじの総数と当たりくじの数はわからないとき、正確に当たりくじの割合を知りたいとすれば、すべてのくじを調べなければならない。しかし、くじの数が非常に多いと、すべてを調べることは難しい。そこで、くじの一部を取り出して、その中の当たりの割合を求めることで、全体の割合を推測しようとす

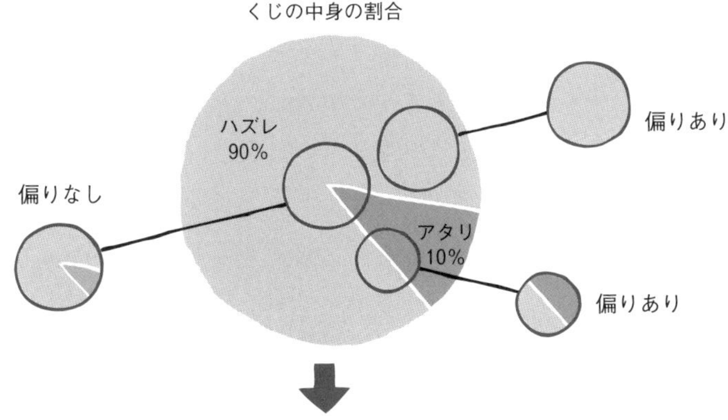

る。このような方法を**標本調査**といい、元の集団から取り出された一部の調査対象を**標本**という。

現在、さまざまな分野で行われる調査の多くは標本調査に分類され、その際に気をつけなければならないことが**標本の偏り**だ。

仮に当たりくじの割合が10%のくじ引きがあったとしよう。このとき、この10%という割合を調べるためにくじを100回引いたとする。引いたくじの中に当たりくじが10個あれば、当たりくじの割合が10%であると推測できる。

では、当たりくじが20個引けた場合や、1つも引けなかった場合はどうだろうか。正しく10%という割合を推測することはできない。

このように、**取り出した標本が元の集団と異なる傾向にあれば、標本に偏りがあるといえる。**統計学では、推測に影響を与える偏りを**バイアス**と呼ぶ。特に、調査者の標本の取り出し方によって生じるバイアスを**標本抽出バイアス（サンプリングバイアス）**という。

社会調査で生じるバイアス

標本抽出バイアスが生じる例として、街頭アンケートを考えてみよう。

たとえば、あなたが記者としてアンケート調査を行いたいと考えたとき、どこで調査を行うだろうか。テレビの報道番組などを見ていると、駅前などの人通りの多い場所で行われているケースが多い。あなたも同じく人通りの多い場所を考えていたかもしれない。

人通りの多い場所が選ばれる理由の1つとして、アンケートを効率よく進めることにある。すべての人が協力してくれるわけではないため、多くの回答者を得たければ人の多い場所で実施することは当然だ。

では、目の前にいる人たちの中からどのように回答者を選び、声をかけるだろうか。明らかに急いでいることがわかる人が目の前にいたとして、わざわざ声をかけに行く人は多くないだろう。しかし、ある政策に対する意見を聞くためのアンケートであるならば、年齢・性別など問わず、すべての人が調査の対象となるべきだ。つまり、**アンケートを実施する人が特定の人たちに対しての調査を避けることで、無意識のうちに調査の対象から除かれてしまう**ことになる。

ほかにも街頭アンケートがどこで実施されているかも重要である。仮に朝、駅前で調査を実施したとすると、調査の対象になる人たちにはどのような特徴があるだろうか。通勤・通学で駅を利用する人の割合が多くな

標本調査の仕組み

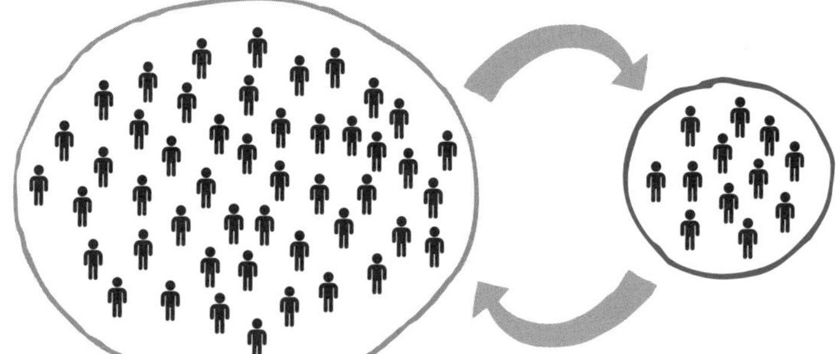
調査対象となる集団から標本を取り出す
標本の傾向から
集団全体の傾向を推測する

る。反対に、駅をまったく利用しない人は調査の対象にはならない。すると、**仮に調査対象に含まれない人たちに共通する意見があったとしても、調査結果には反映されなくなる**のだ。

標本の偏りを完全になくすのは難しい

最近では、SNS上でもアンケート調査が行われることがある。しかし、こうした調査結果の信頼性は次の理由から疑ってかかるべきだ。

- 回答者の多くは調査者のフォロワーである可能性が高い。
- 1人の回答者が複数のアカウントで回答しているかもしれない。
- 調査者が別のアカウントを利用して回答者になることも可能に。

以上の問題を避ける方法がSNSでは存在しない。したがって、どれだけ多くの回答者を得られたとしても標本の偏りを排除できないのだ。

では、インターネット・SNSなどの媒体から偏りなく情報収集できる術(すべ)はあるのか？

あなたが旅行に行く際に観光地や飲食店を調べたいとき、どのようにして調べるだろうか。SNSの場所だけ調べていたり、グルメサイトの口コミだけを見ていたりしないだろうか。しかし、その情報にはSNSや口コミサイトの利用者のみの意見というバイアスが生じている。

標本の偏りを完全になくすことは難しい。しかし、さまざまな角度、方法による情報収集でバイアスの影響を少しでも外すことを意識したい。

参考文献

Gary Smith, "Standard Deviations: Flawed Assumptions, Tortured Data, and Other Ways to Lie with Statistics," Harry N. Abrams, 2014.［ゲアリー・スミス（川添節子訳）『データは騙る：改竄・捏造・不正を見抜く統計学』早川書房、2019年。］

Joel Best, "Damned Lies and Statistics: Untangling Numbers from the Media, Politicians, and Activists," University of California Press: 2001.［ジョエル・ベスト（林大訳）『統計はこうしてウソをつく：だまされないための統計学入門』白揚社、2002年。］

なぜ調査機関ごとに、世論調査の結果の傾向に特徴があるのか？

自己選択バイアス

Self-Selection Bias

意味	調査の対象者に協力するか否かの判断を任せた際に生じるバイアス。
関連	標本の偏り（→120ページ）、回答バイアス（→238ページ）、観察者効果（→250ページ）

調査の対象者によって生じるバイアス

アンケートなどの調査を行うとき、調査者が自身の意志で対象者を選択することで標本抽出バイアス（→121ページ）が生じることは前節で述べた。では、調査者の意志が介入しないように調査の対象者をランダムに選んだとして、標本に生じるバイアスは取り除けるのだろうか。

答えは否。**ランダムに調査の対象者が選ばれたとしても、この対象者によって標本にバイアスが生じる**可能性がある。これを**自己選択バイアス**という。自己選択バイアスは調査に協力するか否かを対象者が選択できるとき生じるバイアスのことを指す。

以降、いくつかの例を挙げて自己選択バイアスについて見ていこう。

世論調査に潜むバイアス

私たちがよく耳にする社会調査の1つに**世論調査**がある。世論調査の方法には調査員が対象となる人を訪問し質問する方法や、調査票が送られてくる方法などがある。新聞社などが行う世論調査の方法の1つには電話調査（RDD方式と呼ばれる）がある。これは調査者がランダムに電話番号を発生させ、その番号に電話をかけ調査対象を決定する方法である。

さて、この電話調査における問題点は何か。電話番号の選択はランダムに実施される。そのため、調査者の意志が対象者の選択には反映されないので、一見すると問題はなさそうだ。しかし、自分が調査の対象者になった場合を考えてみると、この方法の問題点はわかりやすい。

あなたに突然見知らぬ番号から電話がかかってきたとしよう。このとき、電話に出るという人もいれば、タイミングが合わず電話に出られないという人もいる。もしくは意図的に出ない人もいるだろう。つまり、**電話調査の対象になる人には、「見知らぬ番号からの電話に出た人」という前提が存在する。**

また、世論調査であれば政治的な意見について尋ねられることが多い。そのため、政治に関心のある人は積極的に調査に協力し、関心のない人は調査に非協力的になる可能性もある。すると、**世論調査の結果には、政治**

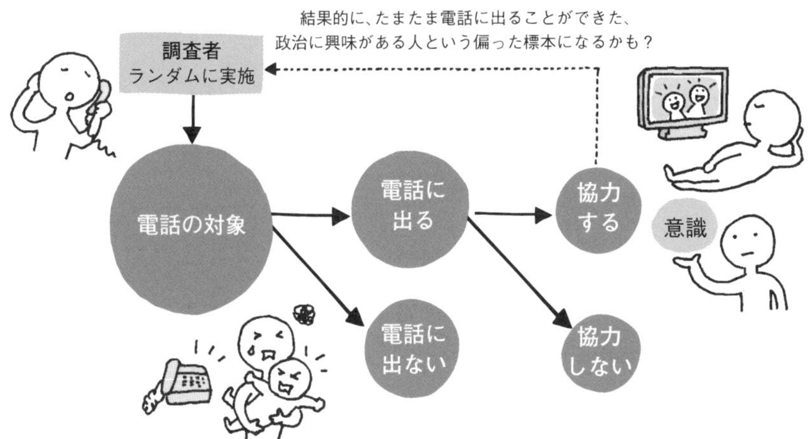

に対する関心の有無が影響を与えることが考えられる。

調査に非協力的な人が多い場合、十分な回答者が得られず国民全体の意見との誤差が大きくなってしまう。そのため、世論調査では、調査方法に加え**回収率**（調査対象者のうち回答してくれた人の割合）にも注意しなければならない。

検診を受ける人と受けない人の違いとは？

自己選択バイアスが生じる例をもう1つ紹介しよう。

たとえば、がんのような疾病に対して検診を受診した人と未受診の人で死亡率に影響があるかを調べたとしよう。このとき、検診の受診者と未受診者の間で死亡率に差があれば、一般的には検診の受診が有効であると考える。しかし、受診者と未受診者にどのような違いがあるかは注意するべきである。

検診の受診者には、健康に対する意識の高い人が多く含まれている可能性がある。そのため、検診にかかわらず普段から自身の健康のために取り組んでいることが死亡率の低下につながることも考えられる。

検診の受診者の死亡率が低いという結果が出ることは不自然な結果ではないが、**自己選択バイアスによって受診の有無以外の要因が調査結果に影響を与えて検診の効果を過大評価してしまう**可能性がある。

自己選択バイアスへの対処法

新聞社ごとに行われる世論調査では、各社によって質問内容や回答者が異なるため、政権支持率が大きく異なるような結果が得られる場合がある。新聞社も調査を実施する際は偏りが生じないように調整は行うだろうが、完全に取り除くことはできない。したがって、**新聞社ごとに世論調査の結果を比較することはできない。世論調査を比較するうえで大切なことは、同じ会社の調査結果の変化を見ることである。**

たとえば、A社とB社が政権支持率の世論調査を行ったとしよう。1回

contents

相手を思いのままに操る
禁断のテクニックをプレゼント。

石井裕之氏

禁断の話術&心理術
「コールドリーディング」の秘訣(動画)

著書累計250万部を超える石井裕之氏(セラピスト パーソナルモチベーター)が、ニセ占い師やエセ霊能者が使う禁断の話術&心理術「コールドリーディング」の秘訣を公開!

一瞬で相手の信頼を得るために「偽占い師が使うテクニック」ストックスピールなどを解説します。

この動画を見ればあなたも、職場の同僚や上司、取引先や気になる異性などから、一瞬で信頼を得ることができるでしょう。

岸正龍氏

見て聞いてはじめて分かる!
エニアプロファイルのキーポイント(動画)

エニアプロファイルを使えば、人間のタイプを
「ビックボス」「スマイリー」「シンカー」
「クール」「ファンラバー」「バランサー」
の6パターンに分類することができます。

6つのタイプそれぞれの特徴や、エネルギーの位置を解説していきます。

また、相手を動かすタイプ別禁断の心理話術も公開!

ぜひこの動画を見て、相手を意のままに操ってください。

どちらも悪用厳禁でお願いいたします・・・

フォレスト出版人気講師が提供する叡智に触れ、
国やマスコミに騙されない本物の情報を手にしてください。

まずはこの小さな小冊子を手にとっていただき、
誠にありがとうございます。

“人生100年時代”と言われるこの時代、
今まで以上にマスコミも、経済も、政治も、
人間関係も、何も信じられない時代になってきています。

フォレスト出版は
「勇気と知恵が湧く実践的な情報を、驚きと感動でお伝えする 」
ことをミッションとして、1996年に創業しました。

今のこんな時代だからこそ、そして私たちだからこそ
あなたに提供できる“本物の情報”があります。

数多くの方の人生を変えてきた、フォレスト出版の
人気講師から、今の時代だからこそ知ってほしい
【本物の情報】を無料プレゼントいたします。

5分だけでもかまいません。
私たちが自信をもってお届けする本物の情報を体験してください。

目の調査ではA社では支持率が45%、B社では40%であった。2度目の調査ではA社は40%、B社は30%に下がったとする。このとき、A社とB社では回答者の思想などが異なることが考えられる。

しかし、A社だけで見れば、1回目、2回目で調査方法が変わらなければ回答者の偏りも大きく変わらない。そのため、1回目と2回目での比較は可能になる。これはB社も同様である。2社の1回目から2回目の調査における支持率の変化を見ればどちらも下降する傾向にある。

つまり、**複数の世論調査の結果が同じような変化をしていれば、国民全体での支持率も下降していると予想することができる。**バイアスが含まれているような調査では、数値ではなく調査結果の傾向をつかむことが重要になる。

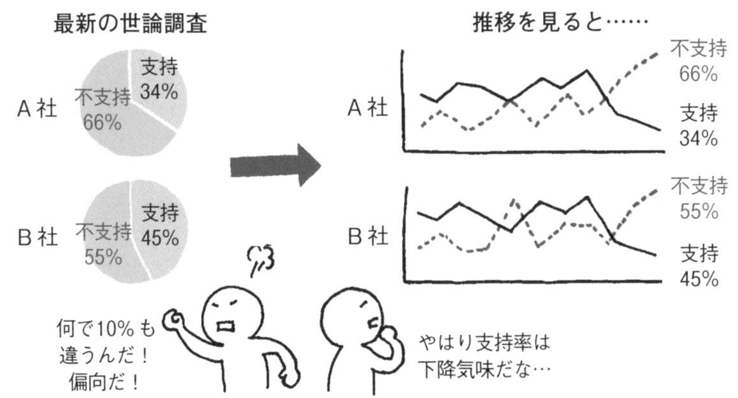

参考文献

Carl Bergstrom and Jevin West, "Calling Bullshit: The Art of Skepticism in a Data-Driven World," Random House, 2020.［カール・バーグストローム／ジェヴィン・ウエスト（小川敏子訳）『デタラメ データ社会の嘘を見抜く』日本経済新聞出版、2021年。］

Darrel Huff, "How to Lie with Statistics," W. W. Norton & Company, 1954.［ダレル・ハフ（高木秀玄訳）『統計学でウソをつく法』講談社（ブルーバックス）、1968年。］

Miguel Hernan et al., "A Structural Approach to Selection Bias," Epidemiology: 15, 615-625, 2004.

高橋昌一郎『自己分析論』光文社（光文社新書）、2020年。

統計学系
バイアス

09

ブラック企業に勤めている人の多くは、健康でストレス耐性が強いのか？

健康労働者効果

Health Worker's Effect

意味 特定の職種に関連する疾病のリスクを調査するとき、勤務する労働者が一般人よりもリスクが低くなる現象。

関連 バークソン・バイアス（→132ページ）

職業病の調査におけるバイアス

ある人が普段から出してしまう職業上の癖や習慣のことを「職業病」と表現することがある。しかし、本来の職業病とは、働いている職場での労働条件や労働環境が起因となって発症する病気のことを指し、工事現場や工場といった騒音が生じている場所で働いている場合に起きる騒音性難聴などがそれにあたる。

こうした職業病に関する調査で不思議な現象が起こることがある。

工場で扱う薬品が職員の健康に与える影響を調べたとしよう。当然ながら、薬品によって健康被害のリスクは工場の職員のほうが一般人よりも高くなるはずである。しかし、調査をすると職員は一般人に比べて疾病を発症するリスクが低いという、直感と反する結果が出ることがあるのだ。

このような調査結果が出る原因として考えられているものが、**健康労働者効果**である。

海軍は安全な職場だといえるのか

まず、健康労働者効果を説明する前に、次の例（Huff, 1954）を見てほしい。

1898年の米西戦争の際、アメリカ海軍における死亡者数はおよそ1000人あたり9人であったという。一方で、同時期のニューヨーク市における一般人の死亡者数はおよそ1000人あたり16人であった。この事実を踏まえて、アメリカ海軍は海軍に入隊したほうが安全であるという宣伝を行っていた。

さて、この例を見たとき、あなたは海軍のほうが安全だという主張を信じることができるだろうか。一般的に考えれば、海軍に所属すれば命の危険は一般人よりも高くなると考えられる。特に、戦争中であればよりいっそう高くなることが考えられる。それにもかかわらず、一般人よりも死亡リスクが低いという主張は直感的に考えるとおかしい。

このアメリカ海軍が行った宣伝には、健康労働者効果が含まれている。

なぜアメリカ海軍の死亡率は一般よりも低いのか？

アメリカ海軍の死亡率	ニューヨーク市民の死亡率
9/1000	16/1000

海軍に入ったほうが安全なのか？

集団に属する人の違いで、海軍の死亡リスクが低く見えるだけ。

若くて健康な大人の集団

もともと健康不安がある人、子どもや老人が多数いる集団

健康労働者効果とは、**職場環境が労働者に与える健康被害へのリスクを調べようとした際に、労働者と一般人の比較を行うことで労働者が一般人よりも健康であるという結果が得られてしまう現象のこと**を指す。

そもそもアメリカ海軍に所属する人は健康的な人や若者ばかりが集まっているはずである。健康に不安がある人は海軍に入隊することは難しい。反対に、一般人には、健康に不安がある人も高齢者や子どもも当然含まれている。つまり、調査の対象となる海軍の隊員と一般人に含まれている人々の間で大きな違いが出てしまったのだ。

こうした2つの集団に対して死亡リスクを調査し、健康的な人の集まる海軍では低く、健康不安のある人も多数含まれた一般人の死亡リスクは高いという結果が出ることは当然といえる。したがって、アメリカ海軍の主張のような海軍は安全であるということはわからないのだ。

ブラック企業と健康労働者効果

心身に負担をかけて極端な長時間勤務を強いるなど、労働環境の悪い会社を指して「ブラック企業」と呼ぶことがある。過酷な労働環境ゆえに健康被害が発生するなど、ブラック企業の存在は1つの社会問題として取り上げられる。こうした企業に対して、健康調査を行うと、前項のアメリカ海軍の事例と同様に、健康労働者効果が起こる可能性が考えられる。

ブラック企業であるかどうかにかかわらず、入社試験の際に健康に問題のない人は健康に不安のある人に比べて採用されやすい。また、何らかの疾病を発症している人は調査時点で退職しており対象に含まれないことも考えられる。つまり、社員の多くが健康的でタフな人であれば、健康調査において問題にならない可能性が発生する。

ブラック企業であったとしても健康調査に問題がないとすると、ある企業の社員が体調を崩していたとしても労働環境に問題があることがわからず、ブラック企業であることに気づきにくくなってしまう。**健康労働者効果の問題を避けるためには比較対象に気をつけなければならない。**

健康労働者効果への対処法

健康労働者効果は、調査の対象となる集団に含まれる人たちが、すでに一定の健康基準を満たしているような状態であるために起こりうる現象である。健康労働者効果の問題は、何らかの基準で選別された集団と一般的な集団の比較を行ってしまうことにある。正しく評価するためには、一般集団との比較は避けるべきであり、たとえば他の企業の労働者との比較を行う必要がある。

労働者のような特定の集団を対象とするような調査やアンケートには潜在的に健康労働者効果のようなバイアスがかかっている恐れがある。こうした調査においては結果が必ずしも実態を表しているとは限らない。

今のお年寄りは
みんなお元気
ですね！
その場にいない人たちの
存在も思い出そう
老人会

参考文献

Anthony McMichael, “Standardized Mortality Ratios and the “Healthy Worker Effect”: Scratching Beneath the Surface,” Journal of Occupational Medicine: 18, 165-168, 1976.

Chung Li and Fung Sung, “A Review of the Healthy Worker Effect in Occupational Epidemiology,” Occupational Medicine: 49, 225-229, 1999.

Darrel Huff, “How to Lie with Statistics,” W. W. Norton & Company, 1954.［ダレル・ハフ（高木秀玄訳）『統計学でウソをつく法』講談社（ブルーバックス）、1968年。］

統計学系
バイアス

10

人気漫画の実写映画化で成功した事例をどれくらい思い出せるか？

バークソン・バイアス

Berkson's Bias

意味 ある2つの変量間の関係を調べるとき、実際とは異なる傾向が出てしまう現象。

関連 健康労働者効果（→128ページ）

喫煙は新型コロナウイルス感染症を予防するのか

統計学の分析におけるバイアスは、疾病の要因に関する**疫学調査**で発生しやすい。その一例として、新型コロナウイルス感染症の感染が拡大を始めた当初に起きた現象（Chivers & Chivers, 2021）について紹介しよう。

2020年、新型コロナウイルスに感染した入院患者について調査が行われていた。フランスの調査（Miyara et al., 2022）では、新型コロナウイルス感染症の入院患者の中に喫煙者の割合が少なかったことから、喫煙が感染予防に有効ではないかという仮説が立てられた。こうした調査結果は欧米のメディア等でも取り上げられた。

一般的に喫煙は健康に悪影響があるといわれている。そのため、感染予防に喫煙が有効かもしれないという仮説には違和感を覚える。このような調査結果が出た原因の1つとして、**バークソン・バイアス**と呼ばれる直感に反する現象が挙げられる。

なぜバークソン・バイアスが起こるのか？

バークソン・バイアスとは、「喫煙」と「感染症の感染」という2つの事象の関係を調べるとき、事象間の傾向を誤って判断してしまう状態を指す。前節で職業病のリスクのような1つの事象の発生を調査するとき起こる健康労働者効果について述べたが、バークソン・バイアスは**2つの事象（たとえば、喫煙とコロナ感染）の関係について調査するとき起こりうるバイアス**だ。ではなぜ、バークソン・バイアスが発生したのだろうか。

新型コロナウイルス感染症と喫煙者に関する現象について注意しなければならないのは、調査が行われた時期が感染拡大の初期であったという点にある。当時、検査は医療従事者に対して重点的に行われた。当然、医療従事者ではない人の中で感染の疑いのある人も検査を受けている。つまり、検査対象は「医療従事者である」、もしくは「医療従事者でなく感染の疑いがある」のどちらかに該当する。このとき、医療従事者の多くは非喫煙者である。そのため、医療従事者の入院患者は非喫煙者の割合が高くなる。

したがって、入院患者を対象に喫煙と感染の関係を調査すれば非喫煙者の感染者が多くなることは明らかで、結果として非喫煙者が感染をしやすいという傾向があると誤って判断したのだ。

この調査の問題は入院患者だけが

新型コロナウイルス流行初期のバークソン・バイアス

新型コロナウイルス感染症の流行初期
感染者の多くが医療関係者

感染者の中の喫煙者と非喫煙者の割合

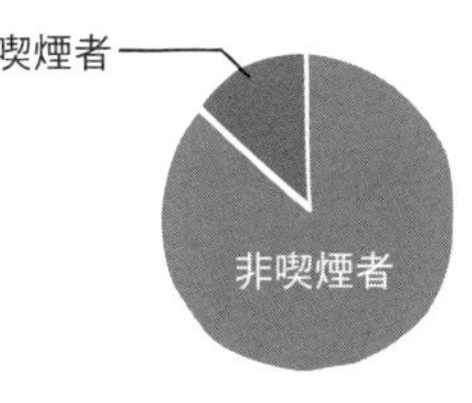

喫煙が感染予防に効果的？

調査の対象になっているため、それ以外の人たちに対する喫煙と感染のしやすさについては何もわからないことだ。バークソン・バイアスはこうした観測できていないデータが存在するとき起こりうる。

実写映画化は失敗するは本当か？

あなたは、好きなアニメや漫画について尋ねられたら何を思い浮かべるだろうか。アニメ等に興味がないという人は小説などでもいい。さて、その作品が実写映画化されることが決定したとしよう。このとき、あなたは実写映画化について賛成・反対、どちらの立場だろうか。

これまでにも数多くのアニメや漫画原作の実写映画がつくられてきたが、あなたが思い浮かべた作品も含まれているかもしれない。実写映画化が発表されるたびに、ネット上では歓迎する人もいれば、反対という立場の人もいる。そして、反対の立場にある人の「アニメ・漫画の実写映画化は成功しない」という意見を聞いたことがある人もいるだろう。では、このような意見が出る理由について考えてみよう。

人気のアニメや漫画作品を実写化すれば、映画作品の売上も高くなると考えるのが自然だ。しかし、実際に売上が高く成功した作品もあれば、失敗した作品も多数ある。反対に、原作の知名度が低い場合でも売上が高い作品も一定数あり、映画が成功するかどうかは原作の知名度とは関係ないと考えられる（図1）。

では、あなたが思い浮かべた作品は「原作の知名度が高い作品」または「映画での売上が高い作品」の少なくとも一方に当てはまる作品なのではないだろうか。つまり、原作の知名度が低く実写映画化も失敗した作品は思い出されにくいといえる。そのため、**原作の知名度が高くなるほど、映画化が失敗するような見せかけの関係が生まれてしまう**（図2）。

もちろん、実写映画化が成功するかどうかはさまざまな要因があり、「アニメ・漫画の実写映画化は成功しない」という考えをバークソン・バイアスだけで説明できるものではない。

図１　原作の知名度と実写映画の売上には関係がない

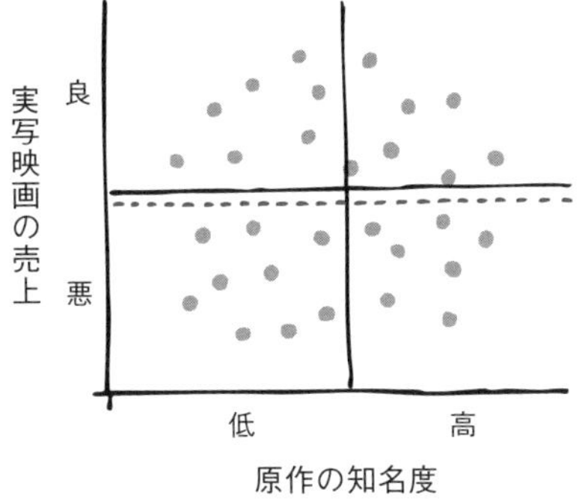

図２　知名度が低く売上も悪い作品は印象に残らない

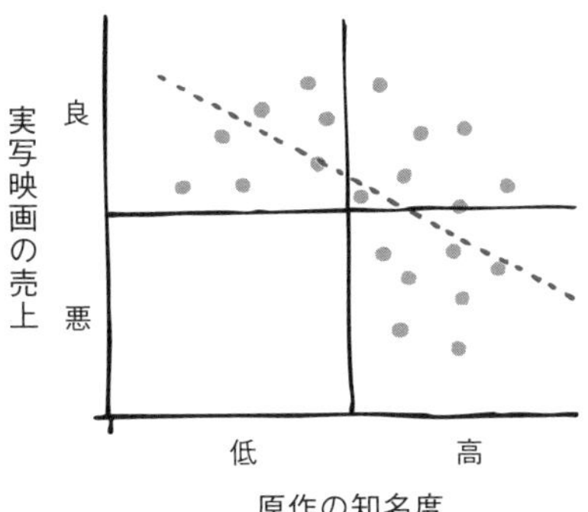

しかし、私たちは知らず知らずに判断基準の対象にフィルターをかけられてしまうことがあり、それを通過した情報だけで判断しようとしてしまう。すると、本来存在しない関係性を誤って見つけてしまう可能性がある。

バークソン・バイアスが原因となる誤った考えによって、私たちは一種の固定観念にとらわれるかもしれない。私たちの見ることのできない情報がさまざまな部分で存在するということを念頭に置いておけば柔軟に物事をとらえられるだろう。

参考文献

Carl Bergstrom and Jevin West, "Calling Bullshit: The Art of Skepticism in a Data-Driven World," Random House, 2020.［カール・バーグストローム／ジェヴィン・ウエスト（小川敏子訳）『デタラメ データ社会の嘘を見抜く』日本経済新聞出版、2021年。］

Joseph Berkson, "Limitations of the Application of Fourfold Table Analysis to Hospital Data," Biometrics Bulletin: 2, 47-53, 1946.

Lionel Page, "Good Books Make Bad Movies," 2021.

Makoto Miyara et al., "Lower Rate of Daily Smokers with Symptomatic COVID-19: A Monocentric Self-Report of Smoking Habit Study," Frontiers in Medicine: 8, 2021.

Tom Chivers and David Chivers, "How to Read Numbers: A Guide to Statistics in the News (and Knowing When to Trust Them)," Weidenfeld & Nicolson, 2021.［トム・チヴァース／デイヴィッド・チヴァース（北澤京子訳）『ニュースの数字をどう読むか：統計にだまされないための22章』筑摩書房（ちくま新書）、2022年。］

「リンゴとオレンジではどちらの果物のほうが優れているか?」に答えは出せない。

集団間比較の誤謬

Fallacy of Intergroup Comparison

意味 性質の異なる集団を、調整することなく同じ基準で比較してしまうこと。

関連 シンプソン・パラドックス(→140ページ)、カテゴリーサイズバイアス(→218ページ)、比率バイアス(→226ページ)

リンゴとオレンジの比較

"apples and oranges" という言葉がある。直訳すれば、「リンゴとオレンジ」であるが、「比べようがないもの」という意味で使われる言葉だ。リンゴとオレンジはどちらも果物という点では共通するが、どちらのほうが優れた果物かと問われても種類が異なるため結論は出せないだろう。

同様に、学力テストの合計点を比較するとき、文系のクラスと理系のクラスを比較することには違和感がある。なぜなら、それぞれのクラスに所属する生徒の得意・不得意科目や受験科目も異なることがほとんど。しかし、そうした性質の違いを無視してしまうと、**集団間比較の誤謬**に陥ることになる。

集団間の比較において、まず気をつけなければならないことは各集団に所属する人(物)の数である。

選挙での政党の得票数を例に挙げてみよう。

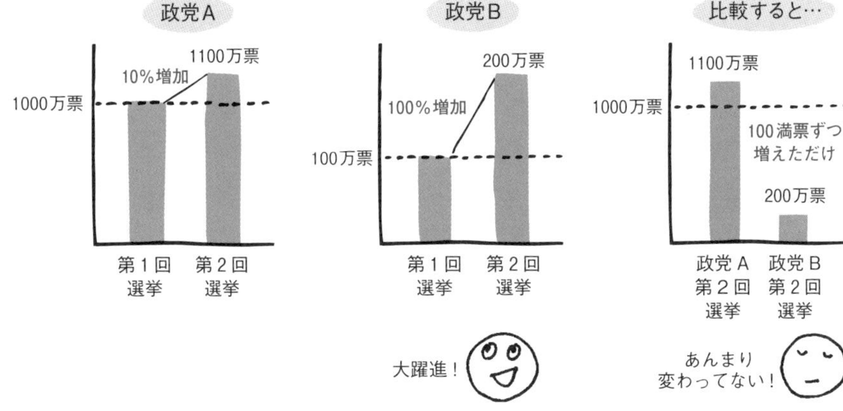

ある政党Aは選挙にて1000万票を獲得した。一方、政党Bは100万票を獲得していた。その後、別の選挙が行われた際、政党Aの得票数は前回の得票数から10%増加し、政党Bは2倍の得票数を得た。

さて、このとき得票数の増加率を見ると政党Aは10%の増加、政党Bは2倍の増加（100%増加）していたことになる。これを見ると、政党Bが大きく支持者を増やしたように感じられる。しかし、実際に増加した得票数を計算してみると、どちらの政党も100万票増えたことがわかる。

集団の大きさが異なるにもかかわらず、割合だけに注目することで誤解を与えることもできる。あなたが政党Bの代表の立場になったとして、「政党Aの得票数は10%しか増加していないが、政党Bは100%増加した」と、あたかも政党Bに票が多く集まったかのように吹聴できる。このように、集団の比較をするうえで大きさには気をつけなければならない。

地域間の比較は人口構成に気をつける

集団の比較の一例として、地域間の比較についても取り上げよう。

都道府県や市区町村といった行政区画単位での比較はよく行われるが、こうした地域間の比較を行うとき、各地域に居住する人々の違いについて考えているだろうか。

都道府県を例にしてみると、令和2年の調査によれば、東京都の人口はおよそ1300万人で最多。一方、鳥取県の人口は約55万人で最少で、東京都板橋区とほぼ同じ数である。このように単純に人口だけを比較してみても地域差は大きく出る。

しかし、こうした地域差を考慮する必要についても考えてみたい。

ある疾病の1年間の患者数を比べてみて、東京都は1万人、鳥取県は1000人であったとすると、人口に対する疾病の発症率は東京都が0.08%、鳥取県が0.18%になる。患者数は東京都のほうが多いが、人口に対する割合では鳥取県のほうが多い。

患者数と人口に対する割合のどちらで比較することが適当だろうか。もし、いずれの地域でも発症する人の割合が変わらないのであれば人口の多い地域で患者数が多くなるのは当然である。したがって、患者数で比較するだけでは発症リスクの高さを評価することはできないため、発症率、もしくは1万人当たりの患者数など人口差を考慮すべきだ。

さらに、疾病については人口の構成についても気をつけなければならない。一般的に考えれば、疾病の発症率は子どもや高齢者のほうが高い。また、性別によって発症しやすい疾病もある。地域の年齢ごとの人口や男女

この2つの集団を比較できる？

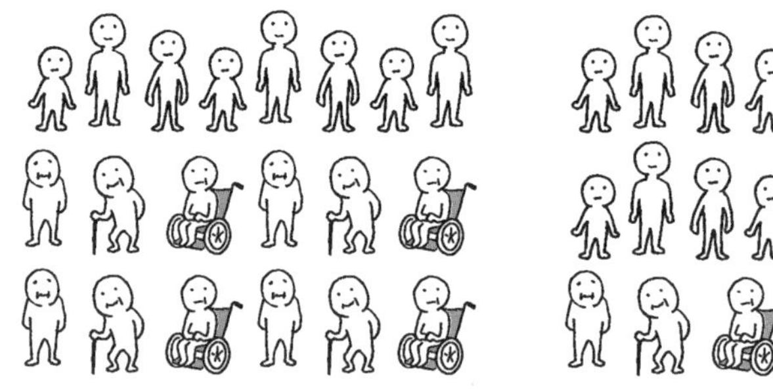

高齢者の多い地域　　若者の多い地域

比は異なるはずだ。こうした人口の構成についても調整しなければ、いずれの地域で発症リスクが高いのかはわからないのだ。

リンゴとリンゴ、オレンジとオレンジの比較

新型コロナウイルス感染症が日本で拡大して以降、メディアでも都道府県単位の感染者数が報道されるようになった。しかし、前述したように感染者数だけを見ても、どの地域の感染リスクが高いのかは正確にわからない。

個人に限らず、企業や都道府県単位での比較をするとき、構成する人や物が完全に一致する集団同士の比較はできない。一般的に集団を構成する要素は異なっているからだ。こうした違いに注意しなければ、リンゴとオレンジの比較になってしまう。リンゴとリンゴ、オレンジとオレンジの比較にするためには、集団の間にどの程度の違いがあるか比較する前に注意してほしい。

より優れている果物はどっち!?

参考文献

Gary Smith, "Standard Deviations: Flawed Assumptions, Tortured Data, and Other Ways to Lie with Statistics," Harry N. Abrams, 2014.［ゲアリー・スミス（川添節子訳）『データは騙る：改竄・捏造・不正を見抜く統計学』早川書房、2019年。］

Joel Best, "Damned Lies and Statistics: Untangling Numbers from the Media, Politicians, and Activists," University of California Press, 2001.［ジョエル・ベスト（林大訳）『統計はこうしてウソをつく：だまされないための統計学入門』白揚社、2002年。］

Peter Schryvers, "Bad Data: Why We Measure the Wrong Things and Often Miss the Metrics That Matter," Prometheus Books, 2019.［ピーター・シュライバー（土屋隆裕監訳、佐藤聡訳）『BAD DATA 統計データの落とし穴：その数字は真実を語るのか？』ニュートンプレス、2021年］

高橋昌一郎『理性の限界』講談社（講談社現代新書）、2008年。

女性の合格者数が少ないのは差別によるものか、あるいは違う要因があるのか？

シンプソン・パラドックス

Simpson's Paradox

意味 ある集団全体の傾向と、その集団をいくつかのグループに分割したときの傾向が異なる現象。

関連 集団間比較の誤謬（→136ページ）、カテゴリーサイズバイアス（→218ページ）、比率バイアス（→226ページ）

全体と個別で起こる逆転現象

2つの高校A校とB校で模試が実施されたとしよう。

各校ともに受験者は200人であった。このとき、A校、B校での平均点はそれぞれ70点、65点であったとすると、受験者の成績が良かったのは、どちらの高校だろうか。

この問題を問いかければ、多くの人はA校と答えるだろう。では、各校の受験者は文系と理系に分けることができ、次のような結果であったとするとどうなるだろうか。

A校の生徒は文系が150人、理系が50人であり、B校の生徒は文系が50人、理系が150人であった。また、A校の文系の平均点は75

点、理系の平均点は55点となり、B校の文系の平均点は80点、理系の平均点は60点であった。

表1

	文系の平均点（受験者の人数）	理系の平均点（受験者の人数）	全体の平均点（受験者の人数）
A校	75点（150人）	55点（50人）	70点（200人）
B校	80点（50人）	60点（150人）	65点（200人）

以上の問題を表1にまとめてみた。さて、表1を見るとどうだろうか。全体の平均点ではA校のほうが高かったが、文系・理系ごとの平均点はB校のほうが高いことがわかる。このように、**ある集団全体の傾向とその集団をグループ分けしたときの傾向が異なる現象**をシンプソン・パラドックスという。

大学院入試で差別はあったのか？

実際に起きたシンプソン・パラドックスの例として、1973年カリフォルニア大学バークレー校の大学院入試での有名な事例（Bickel et al., 1975）がある。

当時の大学院入試における合格率は、男性が44.5%、女性が30.4%となっており、明らかに男女の合格率に差が出ていた。このことから、合否の判定に関して女性に対する差別があったのではないかと問題視された。

確かに、男女の合格率には10%以上の差があり、男性が優遇されたようにも感じる。しかし、実際には、この大学院入試における合否判定では女性に対する差別はなかったと結論付けられた。なぜ、そのような結論となったのか、もう少し詳しくこのデータを見ていこう。

まず、大学院の6つの学科（A～F）ごとに男女の合格率を棒グラフにまとめた図1を見ると、学科ごとの男女の合格率には、学科Aを除いて大きな差はないように思われる。また、大きな差が見られる学科Aも女性の合格率が男性よりも高い。これは、男性のほうが高いという全体の傾向とは大きく異なっていることがわかる。

図1　各学科の男女の合格率

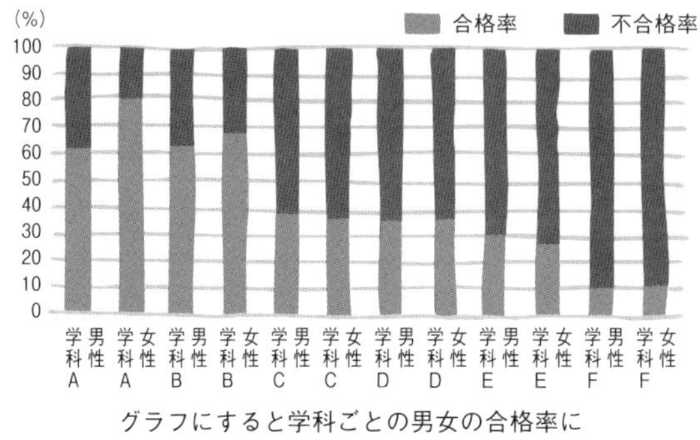

グラフにすると学科ごとの男女の合格率に
あまり差がないのがわかる。

図2　各学科の男女の合格者数と不合格者数の割合

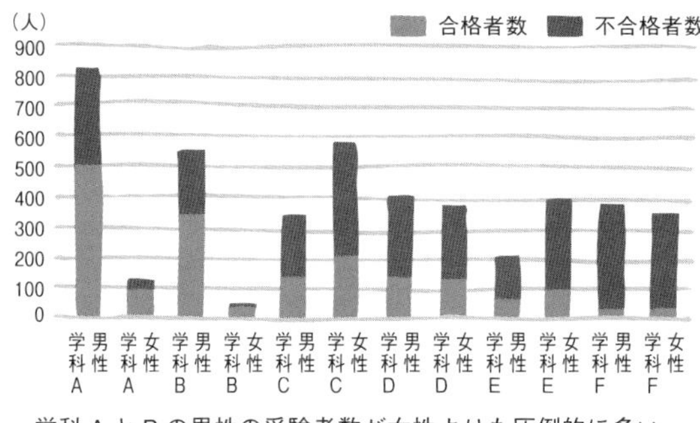

学科AとBの男性の受験者数が女性よりも圧倒的に多い。

合格率の高い学科AとBに男性が多く受験していたため、男女の合格者数に大きな差が生まれたと考えられる。

各学科の合格率を比べてみると、学科Aと学科Bは男女とも合格率が50%以上なのに対し、そのほかの学科の合格率は、40%未満であり、学科ごとに難易度が異なっていたことがわかる。

次に、各学科における男女の受験者数を比較してみよう。図2は各学科の受験者数を棒グラフにしたものであり、合格者数と不合格者数の割合に合わせて色付けを行っている。図2を見てみると、学科A、学科Bは男性の受験者が明らかに多いことがわかる。一方で、学科Cや学科Eは女性の受験者が多く、そのほかの学科では男女に大きな差はない。

つまり、図1の学科ごとの合格率の差と合わせて考えてみると、**比較的合格率の高い学科Aと学科Bは男性が多く受験しており、合格率の低い学科は女性が多く受験している**ということがわかる。特に、学科Aと学科Bの男女の受験者数の差は他学科に比べて明らかに大きい。そのため、男女の合格者数に大きな差が生まれたといえる。

以上のことを踏まえると、カリフォルニア大学バークレー校の大学院入試における合否判定に女性に対する差別があったとはいえない理由を納得してもらえるだろう。

日本においても大学入試の男女差別が問題となった事例はある。2018年に発覚した東京医科大における不正入試問題は記憶に新しい。この問題では、女性受験者のみ一律減点が行われる不当な差別を受けていたことが明らかになっており、女性受験者の合格率だけ下げるような操作が施されていた。そのため、男女で差が生まれた原因がバークレー校と東京医科大の例で大きく異なるという点には注意するべきである。

評価の基準をどこに置くのか

実際の私たちの生活でも、シンプソン・パラドックスは起こりうる。

たとえば、2つの大学での就職率を比較するとき、大学全体で比較するのか、学部ごとに比較するのかで結果は大きく変わる可能性がある。

冒頭に挙げた高校の模試の例を思い出そう。学校全体で比較すると、A校のほうが優れた成績だといえるが、文系・理系で分ければ、B校のほうが優れていると考えられる。もし、あなたがA校に勤めているとして、この模試の結果を使って入学生を増やすことを考えたならば、学校全体と文系・理系別のどちらの結果を使うだろうか。反対に、B校に勤務していればどうだろうか。

シンプソン・パラドックスを考えるうえでは、全体と個別の両方を比較することが重要だが、常にその両方を知ることができるわけではない。限られた情報の中で誤った判断をしないためにも、こうした矛盾が起こりうることを知っておこう。

参考文献

Edward Simpson, "The Interpretation of Interaction in Contingency Tables," Journal of the Royal Statistical Society: Series B (Methodological): 13, 238-241, 1951.

Peter Bickel et al., "Sex Bias in Graduate Admissions: Data from Berkeley," Science: 187, 398-404, 1975.

高橋昌一郎(監修)『絵でわかるパラドックス大百科: 増補第2版』ニュートンプレス、2021年。

統計学系
バイアス

13

いじめの認知件数が増えたことは由々しき事態か、それとも好ましい傾向か？

時系列比較の誤謬

Fallacy of Time Series Comparison

意　味　異なる時点での比較において、計測されなかった数の存在や調査対象の変化によって正しく比較ができなくなること。

関　連　回帰の誤謬 （→148ページ）

異なる時点間での比較

個人の学力テストの成績や企業の年間売上など、時間経過とともに変化する数値に興味がある場合がある。社会問題を調査するときも、異なる時点での数値を比較することになるが、統計学では時間経過順にデータを並べ、その傾向について調査を行う。状況が悪化しているのならば、その原因についても調査することになる。

さて、このように異なる時点での社会問題の状況について調べるとき、その傾向の変化が実態の変化を反映していると考えられることが多い。しかし、**計測方法の変化などによって計測結果に影響を与える場合**がある。これを**時系列比較の誤謬**という。

いじめが増加した理由

現在の日本で注目される社会問題の1つが「いじめ問題」だろう。学校

図1　いじめの認知件数の推移

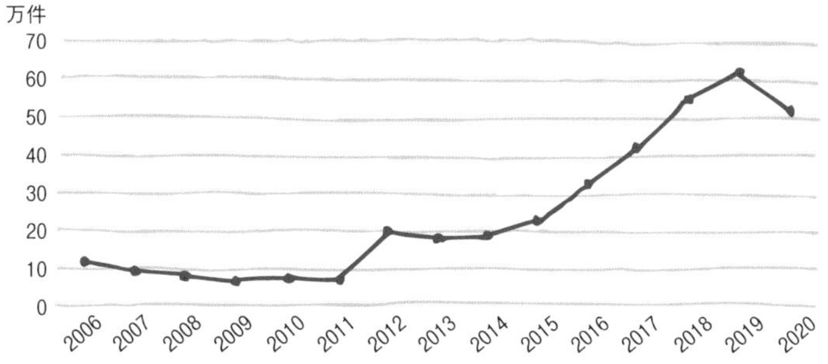

文部科学省「令和２年度児童生徒の問題行動・不登校等生徒指導上の諸課題に関する調査結果の概要」を基に作成。

現場においての生徒間でのいじめは、時により重大な事件を引き起こす場合がある。こうした事件が発生するたびに、メディアで取り上げられている。以前に比べれば、いじめに関する報道は増えたように思われる。

2021年に文部科学省より公表されたいじめの認知件数の推移を表したグラフ（図1）を見てみよう。2006年度から2020年度までの15年間のいじめの認知件数の推移を見ると、2006年から比較すると増加の傾向にあるので、いじめの増加は間違いないように思われる。

注目すべきは、2011年から2012年で認知件数が2倍以上に急激に増加していることだ。なぜ、たった1年間でここまで増加したのだろうか。

実は、2011年にメディアが注目するようないじめが原因となった事件が発生した。これを発端として、いじめ問題が社会全体で注目されるようになり、いじめについて改めて全国の学校で調査をされるようになっていた。そのため、これまでいじめとして問題視されていなかった事案も計上されるようになったことが原因だ。

あくまでも、このグラフはいじめの「発生」を調査したものではなく、いじめであると「認知」された事案を調査している。そのため、いじめの認知件数が増加したからといって実際の学校現場の状況が悪くなったのかどうかはわからない。むしろ、これまで発見されていなかった事案まで問題視するような方向に変わったととらえることもできる。

このようなデータの収集において、計測されていない数が存在する場合がある。こうした数を**「暗数」**と呼ぶ。時系列で比較を行うとき、現在の数値が過去より増加したとしても過去のデータに暗数が存在していれば、状況が悪化しているかどうかはわからなくなるのだ。

いじめの定義は変化する

時系列の比較を行ううえでもう1つ気をつけるべきことは、計測されるものが変化していないかということである。改めてグラフを見てみると、2013年以降もいじめは増加を続けている。

実は、いじめとは何か文部科学省によって正式に定義されている。この定義については、これまでに何度も改訂されており、2013年にも改訂が行われている。つまり、2013年より前と2013年以降ではいじめに該当する事案が変化している。また、小中高生へのスマホやSNSの普及によっていじめが起こる場面も昔に比べて多様化していると考えられるだろう。したがって、単に昔と比べていじめが増加したと断言することはできなくなっているのだ。

このように、時間の経過とともに調査の対象自体が変化しており、昔と今では異なるものとなっている場合がある。したがって、**社会問題を対象に調査するとき、こうした計測する対象がどのように変化しているのかについて考慮しなければ、過大もしくは過小に評価してしま**

過去と現在の「いじめ」の定義と認知件数

過去（1986年）

いじめの定義
学校がその事実を確認したものだけが「いじめ」

学校の考え
いじめのある学校＝ダメな学校

いじめの認知件数　少

現在（2013年〜）

いじめの定義
被害者が「いじめ」と感じたら「いじめ」。

学校の考え
いじめを隠蔽せず、積極的に認知・対応すべき。

いじめの認知件数

う恐れがある。

「過去最多」はなぜ増えたのかに注意する

メディアなどを見ると「過去最多」といった言葉がしばしば見受けられる。大抵の場合、こうした言葉は社会問題の状況が悪化していることを主張するために使われるだろう。しかし、状況を改善しようとする動きの中で、これまで見えていなかった問題が可視化されて数値が上昇することもある。前項のいじめの認知件数の上昇については、教育現場において教員がいじめと思われる事例に対して積極的に報告しているという良い変化を表しているとも考えられる。このような場合は必ずしも状況が悪化しているとは言えない。

一方で、これまで計測されていたものが計測されなくなるという場合もある。たとえば、2019年に発覚した国の基幹統計である「毎月勤労統計調査」における不正問題だ。この問題では全数調査で行われるはずの調査が2004年から2017年まで標本調査（→121ページ）として行われ、平均賃金が過小に報告されていた。これにより雇用保険等の給付金額も減少していた。さらに、2018年からはデータの補正が行われ、平均賃金が大幅に上昇するような結果も見られていた。こうした統計不正によって実態にそぐわない結果があたかも正しい結果のように公表されていたのだ。

急激に増加または減少する値は、その前後で調査方法の変化などが原因で生じている可能性も考慮すべきである。

参考文献

Joel Best, "Damned Lies and Statistics: Untangling Numbers from the Media, Politicians, and Activists," University of California Press, 2001.［ジョエル・ベスト（林大訳）『統計はこうしてウソをつく：だまされないための統計学入門』白揚社、2002年。］

Tom Chivers and David Chivers, "How to Read Numbers: A Guide to Statistics in the News (and Knowing When to Trust Them)," Weidenfeld & Nicolson, 2021.［トム・チヴァース／デイヴィッド・チヴァース（北澤京子訳）『ニュースの数字をどう読むか：統計にだまされないための22章』筑摩書房（ちくま新書）、2022年。］

田口勇『数字の嘘を見抜く本：カモにされないための数字リテラシー』彩図社、2020年。

統計学系
バイアス

14

神に祈ろうが、何をしようが、ラッキーもアンラッキーも続かない。

回帰の誤謬

Regression Fallacy

意味 平均への回帰による自然な変動に対して、何らかの要因を結びつけてしまうこと。

関連 時系列比較の誤謬（→144ページ）

ビギナーズラックは続かない

ビギナーズラック（beginner' s luck）とはある分野の初心者が偶然の運によって良い成績を出すことを指す言葉だ。スポーツなどで新人選手が大金星を挙げたときや、初めてのギャンブルで勝利したときなどでよく使われる。

しかし、ビギナーズラックは当然のように長続きはしない。デビュー戦で勝利した後も勝ち続けるスポーツ選手は珍しい。ギャンブルでも経験の浅い人であれば、繰り返し賭け続ければ大損するようになるだろう。最初に際立った成績が出たからといって、その人の実力を反映した結果であるとは限らない。

それにもかかわらず、**偶然手にした良い成績が、あたかも本来の実力であり、後の正しく実力が反映された結果は不運によるものだととらえることがある。このような勘違い**を**回帰の誤謬**と呼ぶ。回帰の誤謬は、私たちの普段の生活でも気づかぬうちに陥る可能性がある。

物事は平均へと回帰していく

回帰の誤謬に陥る原因として、**平均への回帰**という現象がある。まず、この現象について次のケースについて考えてみてほしい。

ある生徒は、ある科目の学力テストの出題範囲について6割の理解しかしていなかった。ところが、100点満点をとってしまった。

このとき、6割程度の理解度の生徒が100点を取ることは、生徒の学力を反映した結果というよりも解ける問題しか出題されていなかったという偶然の結果であると考えるほうが自然だ。

では、同じ範囲で問題の異なるテストを繰り返し実施したとして、生徒の平均点は何点になるだろうか。平均点は60点に近づいていくと予想できるだろう。

このように、**ある試行において偶然に極端な結果が得られたとき、それ以降の結果では偶然が起こらず平均的な結果が多く得られるようになる現象**を平均への回帰という。

体罰は成績アップに効果があるのか?

平均への回帰という現象は、特別な現象ではなく誰にでも当たり前に起こる現象である。回帰の誤謬とは、**単に平均への回帰で説明できるにもかかわらず、特別な要因と結びつけることで起こりうる。**

たとえば、前項のテストの例を思い出してほしい。このテストを複数人の生徒が受験し、その中で、成績の悪かった生徒を集めて補習授業を行ったとしよう。その後、改めて学力テストを実施すれば、生徒の成績は上がる傾向になると感じるはずだ。

しかし、平均への回帰という現象を考えてみると、必ずしも成績上昇の

平均への回帰と回帰の誤謬の概念図

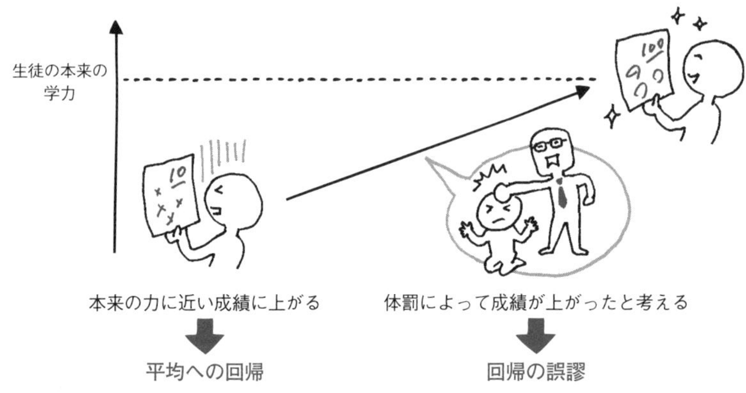

要因が補習授業であるとはいえない。

なぜなら、成績が悪い生徒の中には、偶然に低い点数を取った生徒も含まれている可能性があるからだ。そのため、本来の学力よりも低い点数を取った生徒は2回目以降のテストでは何もしなくても成績が上昇するかもしれない。したがって、これらの生徒には補習授業の効果があったのかどうか正しく判断することはできない。

平均への回帰が起こった現象に、何らかの行動を関連付けることで存在しない理論が生まれてくる。成績の悪い生徒に対して、補習授業ではなく体罰のような厳しい指導を行ったとしても成績は上昇する可能性がある。そうなれば、体罰は成績の上昇に効果があるという、現在では考えられないような結果が得られる可能性もあるのだ。

身近に起こる回帰の誤謬

体罰の例は、やや飛躍した理論ではあるものの、冒頭に述べたように回帰の誤謬はさまざまな場面で現れる。

直近の数試合で活躍したスポーツ選手に対して、今後も同じような活躍を続けてほしいと期待する一方で、不調の選手には試合に出てほしくないと感じてしまうこともある。しかし、短期的に不調な選手であっても、1

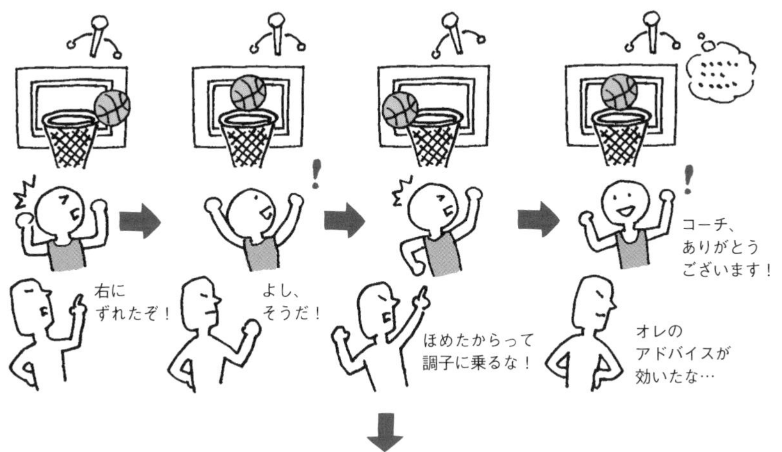

振り子が最終的に中心で止まるように、
成績は本来の力に見合ったところに戻っていく。

年間の成績を見れば、前年までの年間成績と比べて極端に差は出ないということだって大いにありえる。

業績が悪くなった企業が経営者を変えたことでV字回復したとすれば、後継の経営者が優秀な人であると感じるかもしれない。しかし、経営者が誰に変わったとしても業績は回復する方向に転じていた可能性もある。

これらは、回帰の誤謬の例であるが、**結果に対して直感的に何らかの要因を関連付けようとすると、誤った考えが正しいものだと感じてしまう。**あなたが大きな成功や失敗を経験したとしても、あなたの能力だけが原因ではなく、単に偶然の結果である可能性もある。平均への回帰が起こりうることを念頭に置いて誤った判断をしないように気をつけたい。

参考文献

Francis Galton, "Regression Towards Mediocrity in Hereditary Stature," The Journal of the Anthropological Institute of Great Britain and Ireland: 15, 246-263, 1886.

Amos Tversky and Daniel Kehneman, "Judgment under Uncertainty: Heuristics and Biases," Science: 185, 1124-1131, 1974.

Gary Smith, "Standard Deviations: Flawed Assumptions, Tortured Data, and Other Ways to Lie with Statistics," Harry N. Abrams, 2014.［ゲアリー・スミス（川添節子訳）『データは騙る：改竄・捏造・不正を見抜く統計学』早川書房、2019年。］

横山徹爾／田中平三『平均への回帰』日本循環器管理研究協議会雑誌：32、143-147、1997年。

統計学系
バイアス

15

その方法で成功した人は何人いる？　本当に再現性はあるのか？

少数の法則

Law of Small Numbers

意味　少ないサンプルや試行回数から得られた結果を正しい結果であると考えてしまうこと。

関連　どこでも効果（→210ページ）、クラスター錯視（→214ページ）

大数の法則と少数の法則

統計学と関連している分野である確率論において、**大数の法則**と呼ばれる定理がある。聞きなじみのない人もいるかもしれないが、具体例を考えれば理解しやすい定理である。

たとえば、表裏の出る確率が2分の1であるコインが手元にあるとしよう。このコインの表裏の出る確率が2分の1かを調べるために10回程度の試行では、表か裏のどちらかが出る回数が偏る

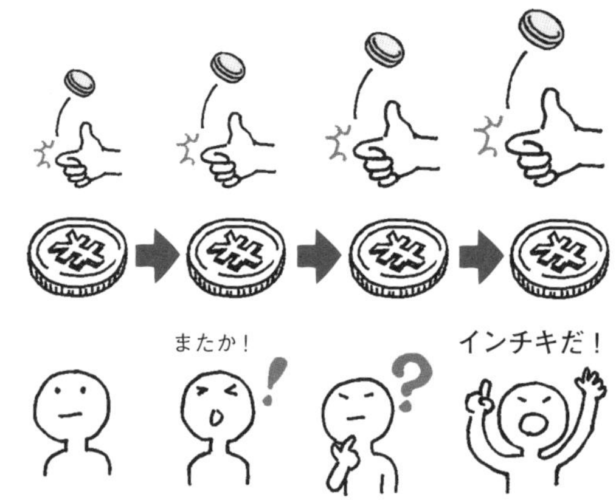

ことがあるはず。しかし、コイン投げを100回、1000回、1万回と試行回数を増やしていくと表と裏の出る回数は半数ずつに近づいていく。このように、十分な試行回数が行われるとき、「コインが表になる」という事象の発生する確率は2分の1に近づいていく。この法則のことを大数の法則と呼ぶ。

しかし、このコイン投げを表が出る確率を知らない人が10回行ったとき、表が7回、裏が3回出たとする。このとき、「このコインは表が出やすいコインである」と結論付けてしまう可能性がある。このような**少ない試行回数で得られた結果から誤った判断をしてしまう現象**を**少数の法則**という。名前からもわかるように少数の法則は大数の法則にちなんで名付けられている。

偶然生まれるパターンに何を感じるか？

少数の法則は、**回数の少ない試行に対して大数の法則が成り立つと考えてしまうことが要因**となる。実際にコインを10回投げたとき、表と裏が5回ずつ出る確率は24.6%であり、表か裏のどちらかに偏る確率のほうが高い。しかし、表と裏の出る確率が等しいコインを10回投げれば、表と裏は5回ずつ出るはずだと感じてしまう。このような思い込みが少数の法則である。

類似した例を挙げれば、4つの選択肢から正しい回答を選ぶマークシート試験を考えてみてほしい。2回、3回と同じ番号を続けて選ぶ場合がある。そんなとき、いずれかの問題で誤った回答をしているのではないかという不安を感じたことはないだろうか。正解の番号がランダムに割り振られていると考えると、同じ番号が連続して正解となる可能性は低いと考えてしまうからだ。しかし、1～4の番号のいずれかが等しい確率で正解の番号となるならば、3問の正答が〈1・2・3〉となる確率も〈1・1・1〉となる確率も実は等しいのである。

「ランダム」という前提があると、私たちは同じものが続けて選ばれるこ

同じ番号が連続して続くほうが、正解の可能性を低く感じる

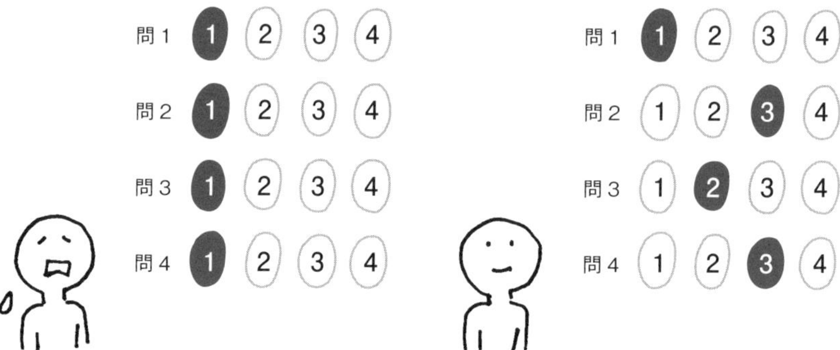

とに違和感を覚える。これは、同じ番号や記号が並ぶ状態が偶然起こると考えにくいためである。したがって、少数のデータを集めたときに、何らかの傾向が見られると、その傾向はたまたま得られた結果ではないと考えてしまうわけだ。

口コミの信頼性は書き込んだ人の数で判断

私たちの少数の法則による誤謬は、マーケティングでも利用される場合がある。

今、あなたが購入するか悩んでいる商品・サービスがあるとしよう。このとき、その商品・サービスについて情報を集めるために口コミなどを見て判断する人も多いはずだ。

口コミは購入者が商品に対する評価を書き込んだものである。こうした口コミは購入者の一部が書き込んでいるため、購入者全員の意見が反映されているわけではない。しかしながら、私たちは口コミを見るとき、良い評価が多く書き込まれていればその商品は良い商品であると感じ、反対に悪い評価が多ければ購入を控えようかなどと考える。

この口コミを見るとき、書き込んだ人の数に注意しているだろうか。多数の人が口コミを書き込んでいれば、それらの評価はある程度信用できる

かもしれない。一方で**少数の口コミであれば、その評価には偏りがある可能性を否定できない。**

根拠となるデータの数は十分か

日常的に見られる少数の法則による思い込みについて、例を挙げてみよう。

マーケティングでは「○%の人が効果を実感」といった広告も見られるが、実際に何人が効果を実感したのかわからないことが多い。この広告も10人中8人が効果を実感していれば、80%の人が効果を実感したことになる。しかし、10人しか調べていないデータの信頼性は疑ってかかるべきだ。

宣伝効果であれば、有名人やSNSのインフルエンサーが投資やダイエットなどで実際に成功したと知ったとき、**たった1人の成功体験にもかかわらず、自分も同じ方法で成功できると感じてしまう。**しかし、こうした体験は偶然成功しただけで、その方法に再現性はないのかもしれない。したがって、少ない成功体験で判断することは適切ではない。

私たちのまわりには、さまざまなデータを根拠に発信される情報がある。しかし、これらの情報が本当に信頼できるかどうかは、どの程度の数を対象にデータが集められているかに気をつけなければならない。

参考文献

Amos Tversky and Daniel Kahneman, "Belief in the law of small numbers," Psychological Bulletin: 76, 105-110, 1971.

Amos Tversky and Daniel Kahneman, "Judgment Under Uncertainly: Heuristics and biases," Science: 185, 1124-1131, 1974.

Gary Smith, "Standard Deviations: Flawed Assumptions, Tortured Data, and Other Ways to Lie with Statistics," Harry N. Abrams, 2014.［ゲアリー・スミス（川添節子訳）『データは騙る：改竄・捏造・不正を見抜く統計学』早川書房、2019年。］

統計学系
バイアス

16

「新薬の効果がない」と「新薬の効果があるとはいえない」の大きな違い。

有意差の誤謬

Significance Fallacy

意味 統計的仮説検定における有意差について誤った解釈をしてしまうこと。

関連 検定の多重性（→160ページ）

仮説検定による検証

私たちの身の回りには、実際に効果があるのか、安全性に問題はないかなどを検証したうえで販売されている商品がある。身近な例でいえば医薬品だ。他にも、広告の宣伝効果の有無など比較が行われる場面がある。

こうした比較のために、統計学では**仮説検定**と呼ばれる方法を利用する。この方法では、**事前に立てた仮説が正しいかどうかデータを集めて検証する。そして、仮説とデータから導かれた結果の間に偶然とは考えにくい差があるとき、「統計的に有意差がある」という。**

しかし、この有意差に関して誤った解釈をしている例が指摘されている（Wasserstein & Lazer, 2016）。私たちが普段目にするニュースでも、誤った解釈がそのまま報道されている場合があるのだ。ここでは、そうした**有意差の誤謬**について見ていこう。

「統計的有意差がある」とはどういう意味か？

仮説検定において示したい仮説の否定となるものを**帰無仮説**と呼ぶ。

たとえば、「新薬の効果がある」ことを示したい場合、「新薬の効果はない」が帰無仮説となる。一方で、示したい仮説（新薬の効果がある）は**対立仮説**と呼ぶ。仮説検定では、帰無仮説が正しいと仮定したとき、帰無仮説が誤りでなければ得られないようなデータが得られたとき、統計的有意差があると判断し帰無仮説を棄却する。つまり、「新薬の効果はない」という仮説が誤りであることを示し、「新薬の効果はある」という仮説が妥当だと判断する。

こうした仮説検定の考え方は、刑事裁判を例に考えることができる。刑事裁判では、訴える側（検察官）と訴えられる側（被告・弁護人）に分けられるが、検察官が研究者であり、被告側が帰無仮説となる。そして、検察官（研究者）が「被告は無罪である（帰無仮説が正しい）」という主張に対して、その主張を否定できるようなさまざまな証拠を提示し、「被告は有罪である（対立仮説が正しい）」ことを立証する手続きである。

仮説検定で問題視される事柄は、「帰無仮説が正しいにもかかわらず、

被告が無罪であることを否定できるだけの証拠があれば、有罪だと判断できる

統計的有意差があると考え、帰無仮説を棄却し、対立仮説を採択できる

被告が無罪であることを否定する証拠が不十分であれば、有罪かどうか判断できないため無罪とする

統計的有意差はないと考え、帰無仮説が棄却できず対立仮説が妥当であるか判断できない

対立仮説が正しい」と判断してしまうことで、裁判に例えれば冤罪が発生してしまうことである。冤罪を避けるためには、十分な証拠を揃(そろ)えて被告が有罪であると主張しなければならないわけで、統計的有意差があるとは、裁判において被告が有罪であることを主張できるだけの十分な証拠が揃っている状態だといえる。

仮に被告が無実であれば、被告が有罪となるような多数の証拠が偶然手に入る確率は低いだろう。したがって、統計学では帰無仮説が正しいとき、手元のデータ以上の差が偶然生じる確率をもとに有意差の有無を判断する。この**確率をp値と呼び、一般的には0.05（5%）を下回れば、統計的有意差があると判断される**ことが多い。

誤った有意差の解釈

新薬の治療効果について統計的有意差があると判断できる（p値が0.05を下回る）とき、治療効果があるようなデータが偶然手に入ったとは考えにくいため、「新薬の効果がある」と判断してもいい。

しかし、統計的有意差がないと判断された（p値が0.05を上回る）場合に「新薬の効果はない」と結論付けることはできない。

一般的な感覚で考えると、有意差があるとき「効果がある」といえるのであれば、有意差がなければ「効果がない」としても問題はなさそうである。しかし、先ほどの裁判の例でいえば、「有意差がない」とは、被告の無罪を否定し有罪であると断定できるほどの証拠が十分ではないことを指しており、被告が有罪であることを否定しているわけではない。

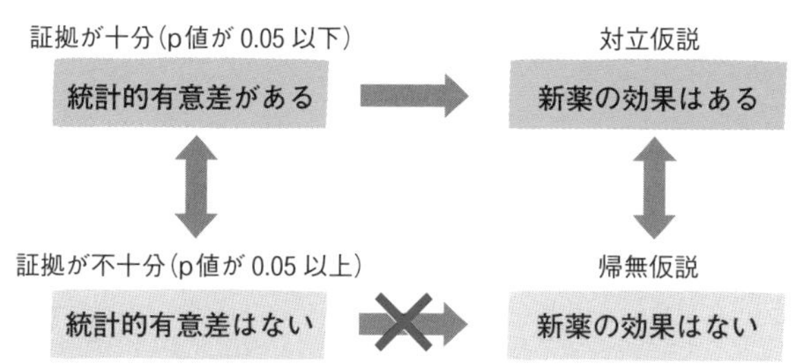

したがって、**有意差がない場合、「効果がない」とするのではなく「新薬の効果があるとはいえない」と解釈することが正しい。**

統計調査を正しく理解するために必要なこと

健康診断などでの検査を考えてみよう。

多くの人は検査を受けた結果が「異常なし」であれば、自分は健康であると考えるだろう。この「異常なし」とは自身の検査値が基準範囲内であったことを示している。基準範囲とは健康な人を対象に検査を実施した場合、95%の人の検査値が含まれる範囲と定義されている。つまり、「異常なし」とはあなたの検査結果は多くの健康な人の値との差がないので異常があるとはいえない、ということである。

ここで気をつけるべきことは、基準範囲の設定には健康な人の情報しか含まれていない。そのため、何らかの異常がある人が基準範囲の値を取ることは否定されていない。したがって、あなたに何らかの症状があったとしても「異常なし」という結果を受け取る可能性もあるのだ。

新薬の治験を行った結果、統計的な有意差が得られなかったという報告に対して、ニュースや新聞などで「新薬の有効性なし」と報道される場合、これは統計的有意差に対して誤った解釈をしていることになる。統計的な解釈について理解すれば、さまざまな統計調査やメディアの報道についても正しく判断することができるだろう。

参考文献

Ronald Wasserstein and Nicole Lazar, “The ASA Statement on p-Values: Context, Process, and Purpose,” The American Statistician: 70, 129-133, 2016.

Tom Chivers and David Chivers, “How to Read Numbers: A Guide to Statistics in the News (and Knowing When to Trust Them),” Weidenfeld & Nicolson, 2021.［トム・チヴァース／デイヴィッド・チヴァース（北澤京子訳）『ニュースの数字をどう読むか:統計にだまされないための22章』筑摩書房（ちくま新書）、2022年。］

阿部真人『データ分析に必須の知識・考え方 統計学入門: 仮説検定から統計モデリングまで重要トピックを完全網羅』ソシム、2021年。

大久保街亜『帰無仮説検定と再現可能性』心理学評論: 59、57-67、2016年。

加藤憲司『統計的検定を考えるヒント』医学会新聞: 3093、2014年。

統計学系バイアス

17

念入りな比較検討の繰り返しでも、誤った結論が出てしまう理由。

検定の多重性

Multiplicity of Tests

意味 複数回の検定を繰り返し行うことで、誤って有意差があると判断する確率が高まってしまうこと。

関連 有意差の誤謬(→156ページ)

複数回の検定で起こる問題

有意性の誤謬の節で仮説検定と呼ばれる統計学の手法の1つを紹介し、社会調査や医療における治験など、仮説検定が使われる場面が多いことを述べた。

では、仮にA、B、Cの3クラスがあるとき、この3クラスの生徒の間に学力の差があるかどうかを知りたいとしよう。このとき、どのように比較することが妥当だろうか。単に3クラスのいずれかで学力の差があるかのみ知りたい場合には、3クラスの中で学力の差があることがわかればいいので、どのクラスの学力が高いかまで判断する必要はない。

しかし、学力の差があるクラスを特定する場合には、AとB、AとC、BとCの2クラスずつで学力の差があるか比較する方法が考えられる。しかし、統計学において、このような仮説検定を複数回行う方法には問題があることが知られている。それが**検定の多重性**と呼ばれる問題である。

健康診断で考える検定の多重性

検定の多重性について理解するために、あなたが健康診断で10種類の検査を受ける状況を考えてみよう。実際の検査の正確さはわからないので、各検査であなたが健康であるにもかかわらず「異常あり」と診断される確率は等しく95%であるとする（健康な100人が検査を受けたとき、5人に誤って異常があると診断する）。あなたが10種類の検査を受けたとき、いずれかの検査で誤った結果が出てしまう確率を考えてみよう。

このような確率を計算するためには、すべての検査で正しい結果が出る確率を考えればいい。このとき、すべてが正しい結果になる確率は1つの検査で正しい結果となる確率0.95を検査項目の数だけ掛け合わせれば良いので0.95^{10}となる。したがって、知りたい確率は$1-0.95^{10}=0.401$となる。あなたが健康であったとしても、いずれかの検査で偶然「異常あり」と診断される確率は40%近くあるということである。

誤診断する確率が40%もあるような健康診断の信頼性はあるだろうか。

10個の検査のうち、1種類以上の検査で誤って「異常あり」と診断される確率
$1-0.95^{10}=1-0.599=0.401$（約40%）
1種類の検査で誤った診断をする確率は5%（$1-0.95=0.05$）だが、
10種類の検査を受ける健康診断の中で誤診断をする確率は40%に上昇。

健康診断の検査を統計学の検定として考えれば、健康診断では何種類もの検定を行いながら自身の健康に異常がないか診断していると考えられる。検定の多重性とは**複数の仮説検定を行うとき、いずれかの検定で誤って有意な差があると判断してしまう確率が本来の想定以上に高くなってしまう問題**である。

多重性の問題と出版バイアス

多重性の問題は1つのデータに対して、性別や年齢、職業による違いなどカテゴリーごとに繰り返し検定を行ったときにも起こりうる。

たとえば、ある調査で男性と女性で差が見られるか、もしくは年齢層で差が見られるかなどを確かめたいとしよう。下図のようにそれぞれのカテゴリーで繰り返し検定を行えば、あるカテゴリーで統計的有意差があるという結果が得られる可能性がある。

すでに述べたように、検定の多重性によりそのカテゴリーでは本当は有意差がないにもかかわらず有意差があるという結果が得られる確率が高くなる。そのため、統計的有意差が出たとしても本当に有意な差があるのか偶然出てしまった差なのか正しく判断することができなくなってしまう。

こうした問題に加えて、調査や研究では「有意差がある」という結果の公表が重要視され、それ以外の研究結果は公表されにくいという傾向が見

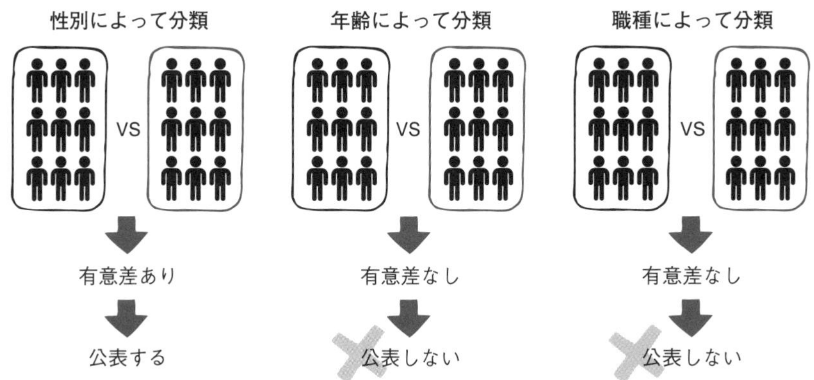

られる。こうした**否定的な結果（有意差は見られない）が肯定的な結果（有意差がある）に比べて論文などで公表されにくい状態**を**出版バイアス**と呼ぶ。したがって、実際には、多重性の問題があるにもかかわらず、出版バイアスによって有意差がある結果だけが公表され、隠された結果はわからないという状況が生まれてしまう。

統計分析の誤りに注意せよ

調査者の望む結果が得られるまで繰り返し調査を行い、たった1つの成功例だけを公表しても、その結果は偶然の産物としかいえないだろう。

しかしながら、検定の多重性の問題は調査・研究段階で起きているため、公表結果が明らかになった時点ではどのような調査が行われたのか私たちにはわからない場合が多い。検定の多重性に限らず統計的な調査にはバイアスの存在やデータのサンプルサイズなど注意しなければならない問題は多々ある。

ニュースや新聞において「統計的に正しい」や「著名な研究者によると」などその分野に詳しくない人が見れば、疑いようのない事実であると感じる文言が付随して報道される例もあるかもしれない。

しかし、**統計分析の結果が絶対に正しいということはなく、あくまでも人が行うため、どこかで誤った方法が取られている可能性は十分ある。**私たちは「統計」という言葉を信じすぎず批判的に見る必要もあるだろう。

参考文献

Mohammad Huque et al., "Multiplicity Issues in Clinical Trials with Multiple Objectives," Statistics in Biopharmaceutical Research: 5, 321-337, 2013.

Tom Chivers and David Chivers, "How to Read Numbers: A Guide to Statistics in the News (and Knowing When to Trust Them)," Weidenfeld & Nicolson, 2021.［トム・チヴァース／デイヴィッド・チヴァース（北澤京子訳）『ニュースの数字をどう読むか：統計にだまされないための22章』筑摩書房（ちくま新書）、2022年。］

阿部真人『データ分析に必須の知識・考え方 統計学入門：仮説検定から統計モデリングまで重要トピックを完全網羅』ソシム、2021年。

水本篤『複数の項目やテストにおける検定の多重性：モンテカルロ・シミュレーションによる検証』外国語教育メディア学会機関誌：46, 1-19, 2009.

統計学系
バイアス

18

確率の専門家ともいうべき数学の研究者でさえ間違ってしまった難問。

モンティ・ホール問題

Monty Hall Problem

意味 確率論における有名な問題の1つ。直感的に正しいと思う解答が誤った解答になってしまう代表的な例。

関連 基準率の無視(→168ページ)、検察官の誤謬(→172ページ)

モンティ・ホール問題とは

まずは、次の問題を考えてほしい。

今、1人の挑戦者がゲームに参加している。このゲームでは3つの扉があり、その中の1つの扉の向こうに豪華な景品がある。挑戦者は3つの扉の中から当たりだと思う扉を1つ選択する。その後、ゲームの司会者は、選択されなかった扉のうち外れの扉を1つ開ける。そして、司会者は挑戦者に対して、「選んだ扉から残された扉に変更しますか？」と問いかける。

では、このとき挑戦者が景品を獲得する確率として正しい選択肢は、次のうちいずれになるだろうか。

① 扉を変えたほうが高い。

② 扉を変えないほうが高い。

③ どちらも変わらない。

司会者がハズレを1つ教えてくれたあと、
選ぶ扉を変更したほうが正解する確率は上がる？

この問題は、**モンティ・ホール問題**と呼ばれており、その名称は1960年代から始まったアメリカのテレビ番組「Let's make a deal」の司会者の名前にちなんでいる。

扉を変えるべきか・変えないべきか

モンティ・ホール問題において、景品を獲得する確率は③どちらも変わらないと考える人が多い。

しかし、これは誤りである。正しい解答は①扉を変えたほうが高いのである。この解答については違和感を覚える人もいるかもしれない。なぜ、扉を変えた場合の確率が高くなるのだろうか。解答を求めるために難しい計算は必要ない。実際に計算をして確かめてみよう。

モンティ・ホール問題において正しい解答を求めるためのポイントは、扉を変えるか否かをあらかじめ決めておくことにある。

では、あらかじめ扉を変えないと決めて、もう一度モンティ・ホール問題を考えてみよう。

まず、3つの扉から1つの扉を選ぶとき、当たりの扉を引く確率は$\frac{1}{3}$である。この後、扉を変えるかどうか尋ねられるが、扉を変えないと決めているので、はじめに選んだ扉が当たりの扉でなければいけない。つまり、扉を変えない場合、景品を獲得する確率は、はじめに当たりの扉を選ぶ確率と同じであるから$\frac{1}{3}$となる。

次に、扉を変えると決めた場合を考えよう。このとき、はじめに外れの扉を選ぶと、もう1つの外れの扉は司会者によって開けられるので、扉を変えれば挑戦者は必ず当たりの扉を引くことができる。したがって、**扉を**

モンティ・ホール問題の解答

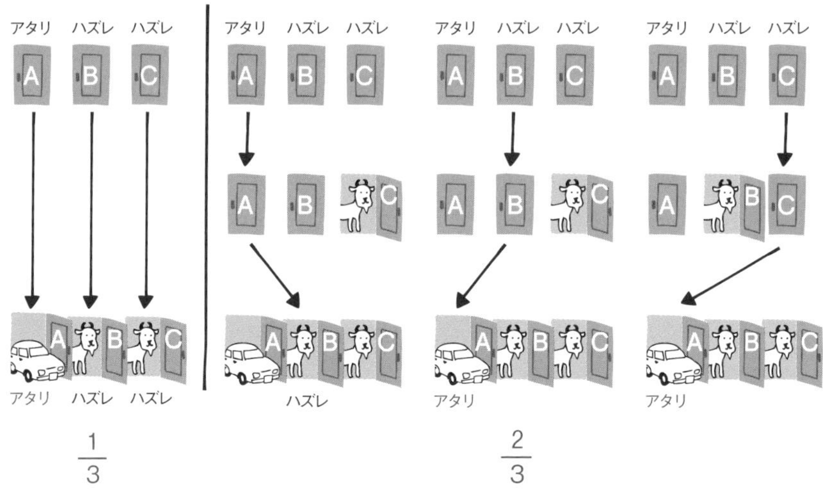

変えた場合に景品を獲得する確率は、はじめに外れの扉を選ぶ確率である$\frac{2}{3}$となり、扉を変えない場合よりも確率が高いことがわかる。

扉が100万枚あったなら

モンティ・ホール問題とは、「当てずっぽうで選んだドアが当たりである確率」と「当てずっぽうで選んだ扉が外れである確率」を比べよ、という問題なのである。

しかし、先の説明でも納得できないという人もいるだろう。

そのような場合、**はじめに扉が100万枚あるというような極端なゲームを考えてみると理解できる**かもしれない。当然、当たりの扉

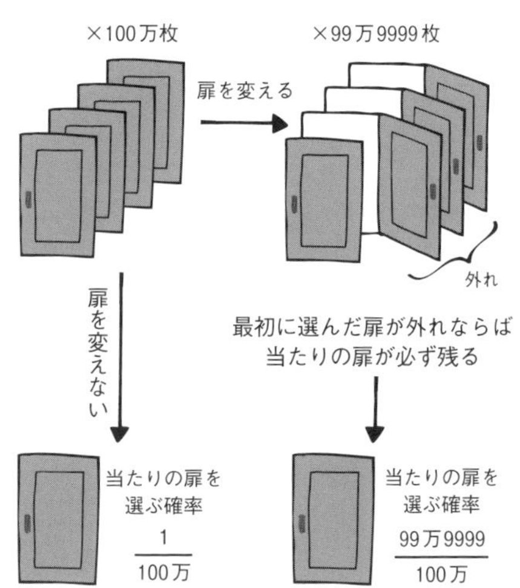

は1枚である。このとき、「100万枚の中から当てずっぽうで選んだ1枚の扉が当たりである確率」と「100万枚の中から当てずっぽうで選んだ1枚の扉が外れである確率」のどちらが高いだろうか。この場合、後者のほうが高いと答える人が多いだろう。そして、99万9999枚の中から1枚だけ扉が残されるのである。扉を変えたほうが当たりである確率は高いと感じるのではないだろうか。

感覚と反する確率

モンティ・ホール問題がなぜ有名になったのか。その理由は、アメリカでこの問題の正解を巡った議論を巻き起こしたからだ。1990年、ある雑誌のコラムに掲載されたモンティ・ホール問題とその解答に対して、誤答であると指摘する投書が殺到した。コラムに掲載された解答は、後に正しいことが示されたが、誤答を指摘する投書の中には数学者からのものも多く含まれていた。

確率の専門家ともいうべき研究者でさえ、モンティ・ホール問題の誤った解答を導いてしまう。数学的な問題、特に、確率が関係するような問題の場合、その前提となる条件が異なれば、正しい確率は変わってしまう。

モンティ・ホール問題のような事象が、私たちの日常生活に発生することはほとんどないだろう。しかし、この問題を知ることの意義は、「自身の感覚に合うような情報が必ずしも正しいとは限らない」という気づきだ。正しい判断をするために、自身の感覚を疑うことは必要なのだ。

参考文献

Donald Granberg and Thad Brown, "The Monty Hall Dilemma," Personality and Social Psychology Bulletin: 21, 711-723, 1995.

Gary Smith, "Standard Deviations: Flawed Assumptions, Tortured Data, and Other Ways to Lie with Statistics," Harry N. Abrams, 2014.［ゲアリー・スミス（川添節子訳）『データは騙る 改竄・捏造・不正を見抜く統計学』早川書房、2019年。］

Luis Fernandez and Robert Piron, "Should She Switch? A Game-Theoretic Analysis of the Monty Hall Problem," Mathematics Magazine: 72, 214-217, 1999.

神永正博『直感を裏切る数学』講談社（ブルーバックス）、2014年。

高橋昌一郎（監修）『絵でわかるパラドックス大百科: 増補第2版』ニュートンプレス、2021年。

発症者が80%で陽性になる検査、自分が陽性ならば発症している確率は何%か?

基準率の無視

Base-Rate Fallacy

意味 前提となる確率的な情報を無視して、わかりやすい情報などに基づいて直感的に判断すること。

関連 モンティ・ホール問題(→164ページ)、検察官の誤謬(→172ページ)

検査が陽性のとき、発症している確率は?

ある病気に罹患(りかん)しているかどうかを確かめる検査において、陽性の結果が出たとしても、必ずしもその結果が正しいとは限らない。コロナ禍の報道においても、「偽陽性」という言葉が話題になった。検査結果の中には、このように偶然に陽性となってしまう場合もある。

では、こうした検査に関して、誤りが起こりうる確率を知っていたとして、自分自身が本当に罹患しているか判断することができるかどうか、次の例(西田/服部、2011)を考えてみてほしい。

乳がんの検査に参加した40代の女性が乳がんである確率は1%である。もし、参加者が乳がんであるなら、その女性が検査で陽性になる確率は80%である。一方、女性が乳がんでない場合に検査で陽性になる確率は9.6%である。

このとき、検査に参加した40代のある女性に陽性の結果が出た。この女性が実際に乳がんである確率は何%程度だと考えられるか？

基準率の無視の概念図

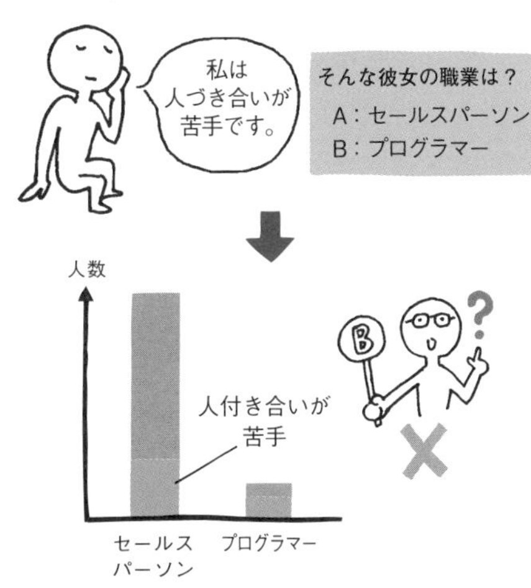

多くの人はこの問題に80%と答えてしまう。しかしながら、女性が乳がんである確率はもっと低く、約7.8%だ。もし、あなたが正しい解答を導けていないのであれば、**基準率の無視**が原因である可能性が高い。

なぜ、正しく判断できないのか

基準率とは、**対象となる集団の中で事象が発生する割合のこと**を指す（たとえば、1万人の検査対象者の中に罹患者が100人いれば、基準率は $\frac{100}{10000}$ で計算できる）。乳がんの問題であれば、40代女性のうち乳がんを発症する人の割合（有病率）である1%が基準率となる。基準率の無視とは、その名のとおり、この**基準率を考慮せず判断してしまうこと**だ。

実際に正しい確率を計算してみよう。40代の女性1万人が乳がん検査を受けたとしよう。有病率は1%であるから乳がんを発症している人は100人である。この100人の内、陽性と診断される確率が80%であるから、80人が正しく診断さ

表1　有病率が1%の場合の陽性の数

	陽性	陰性	合計
乳ガン有	80	20	100
乳ガン無	950	8950	9900
合計	1030	8970	10000

れ、20人が誤って陰性と診断される。また、発症していない9900人のうち9.6%である約950人が誤って陽性と診断される。したがって、9900人のうち、8950人は正しく陰性と診断される。

以上の数字を表1にまとめた。表1を見ると、乳がんを発症しているかにかかわらず陽性と診断される人は、1万人中1030人いることがわかる。つまり、ある40代女性が陽性と診断されたとき、乳がんを発症している確率は$\frac{80}{1030}$となり、約7.8%となる。

基準率の無視を起こす原因は、検査を受ける集団の有病率を無視し、乳がんである人を陽性と診断する確率（80%）と陽性だと判断された人が本当に発症している確率（7.8%）が同じだと考えてしまうからである。

有病率が高くなると、発症している確率はどうなるか

さて、陽性と診断された人が発症している確率が7.8%であるという情報が得られていたとき、この検査の正確性に疑問を抱く人もいるかもしれない。もし、仮に検査で陽性が出た場合、手術を行わなければならないとすると、陽性が出た人の中で手術が必要な人は7.8%しかおらず、92.2%の人は必要のない手術を受けることになる。このことを踏まえると、7.8%は明らかに低いといえる。この確率を上げるためには、基準率となる有病率を上げればいい。たとえば、事前に医師が診察を行い、有病率が95%である40代女性1万人に検査を行ったとすると表2のようになる。

表2　有病率が95%の場合の陽性の数

	陽性	陰性	合計
乳ガン有	7600	1900	9500
乳ガン無	48	452	500
合計	7648	2352	10000

有病率が95%であるとき、陽性と判断された場合に発症している確率は$\frac{7600}{7648}$であり、約99.4%となる。こうしてみると、検査結果の信頼性は有病率が大きく関係していることがわかるだろう。

私たちが検査を受けるとき、

有病率を気にする人は多くないはずである。そのため、「自身が発症している場合に陽性となる確率」を、自身が本当に発症している確率と誤認することは不思議ではない。

しかし、私たちが本当に知りたい、そして**知らなければならないのは、「陽性と診断された場合に自身が発症している確率」**なのである。

本当の満足度は何％？

日常で起こりうる基準率の無視が関わる現象について考えてみよう。

たとえば、一般的な商品の口コミ評価形式は商品の購入者による5段階評価だが、こうした評価はどこまで信頼できるのだろうか。

ある商品の評価を行った購入者が1000人いたとき、高い評価（5または4）が800人いたとすると、その商品の満足度は80%と考えることはできるだろうか。高い評価が多ければ良い商品だと、迷わず購入を選択する人もいるかもしれない。

しかし、忘れてはいけないことは、この80%という数字は「商品を購入した人のうち、口コミの評価を行った人」の満足度を表しているということである。商品の購入者のうち、口コミ評価を行った人の割合がわからなければ、80%という数字がどこまで信頼できるのかはわからない。しかし、口コミで評価した人の割合まで考える人は少ないだろう。

私たちは何かを判断するとき、無意識に基準率を無視している可能性がある。確率や割合をもとに判断するときには、基準率についても意識しておきたい。

参考文献

Maya Bar-Hillel, "The Base-Rate Fallacy in Probability Judgements," Acta Psychologica: 44, 211-233, 1980.

Tom Chivers and David Chivers, "How to Read Numbers: A Guide to Statistics in the News (and Knowing When to Trust Them)," Weidenfeld & Nicolson, 2021.［トム・チヴァース／デイヴィッド・チヴァース（北澤京子訳）『ニュースの数字をどう読むか:統計にだまされないための22章』筑摩書房（ちくま新書）、2022年。］

西田豊／服部雅史『基準率無視と自然頻度の幻想:等確率性仮説に基づく実験的検討』認知科学: 18、173-189、2011。

統計学系
バイアス

20

宛罪は誤った確率的解釈とバイアスによって生まれる。

検察官の誤謬

Prosecutor's Fallacy

意味 統計的な推測によって法的な証拠能力を示すとき、誤った確率的な解釈をすること。

関連 モンティ・ホール問題（→164ページ）、基準率の無視（→168ページ）

検察官の誤謬が起きた最初の事例

1968年アメリカのカリフォルニア州で行われた、ある強盗事件の裁判を紹介する。

この裁判は、被告人として1組の夫婦が出廷していた。検察側は、「強盗犯は金髪のポニーテールをした白人の女性であり、あごひげと口ひげを生やした黒人の男性が運転する黄色い車に乗って逃走した」という目撃証言を夫婦が犯人である証拠としていた。

しかし、検察側はこれ以上の証拠を持っていなかったため、犯人の特徴となる6つの条件を提示し、各条件に当てはまる確率について、数学の専門家の証言を証拠として提出した。さらに検察側は、これらの6つの条件すべてに当てはまるような男女のペアが存在する確率について、それぞれの確率を掛け合わせることで1200万分の1になると主張した（表1）。

つまり、目撃証言と一致するような男女が偶然存在する確率は極めて低

表1

条件	確率
金髪の女性である。	$\frac{1}{3}$
ポニーテールの女性である。	$\frac{1}{10}$
口ひげを生やした男性である。	$\frac{1}{4}$
あごひげを生やした男性である。	$\frac{1}{10}$
白人と黒人の夫婦(カップル)である。	$\frac{1}{1000}$
車の色が黄色である。	$\frac{1}{10}$

いため、この夫婦が無実である可能性も極めて低いと主張したのだ。

この主張を受けて、あなたは、この夫婦が有罪・無罪のどちらだと判断するだろうか。実際の裁判では、最終的に夫婦は無罪であると判断されている。この裁判は、**検察官の誤謬**が初めて問題視された事例とされる。

検察官が犯した間違いとは

検察官はどのような間違いを犯したのか。いくつかあるが、最も大きな間違いは、目撃証言と一致する男女が存在する確率を夫婦が無実である確率と同じだと考えたことにある。

1200万分の1という確率は確かに低い。しかし、注意しなければならないことは、この確率が「ある夫婦またはカップルがすべての条件と一致する確率」ということである。検察官は条件に合致する男女は極めて少ないということを証明しただけで、被告となった夫婦しか条件に当てはまらないことを示したわけではない。

不特定多数の夫婦またはカップルの中で、条件と一致するような男女が実際に何組いるのかはわからない。条件に合致する男女のペアが複数存在した場合、被告となった夫婦が無実である確率は1200万分の1よりもずっと大きくなる。

このように検察官は、**誤った確率の解釈によって冤罪事件を生みかねない判断**をしてしまったのである。

DNA鑑定の精度でわかること

先の事例は海外での出来事なので、身近に感じられない人もいるかもしれない。しかし、日本でも過去に検察官の誤謬によって冤罪判決となった事例がある。その1つの例として足利事件を紹介する。

1990年に栃木県足利市で女児の遺体が発見され、容疑者として1人の男性が逮捕された。男性は、後の裁判において無期懲役の判決を受けることになった。この裁判では、DNA鑑定の結果が証拠能力として認められ、有罪判決が確定している。足利事件で誤った判決が出てしまった理由は、このDNA鑑定の精度について誤った解釈をしていたためである。

DNA鑑定の精度は、「鑑定の対象となる人物が犯人でないとき、DNAが一致する確率」である。一方で、本当に知りたいことは、「DNAが一致するとき、鑑定の対象となる人物が犯人である確率」である。この2つの確率は明確に異なる。

当時のDNA鑑定の精度は約1000人に1人という精度であった。1990年頃の足利市の人口が約16万人であったことを踏まえると、DNA鑑定が一致してしまう人物が足利市だけでも160人程度いた計算になる。つまり、**DNA鑑定が一致したとき、被告の男性が犯人である確率は $\frac{1}{160}$（約0.6%）となり、鑑定の結果は男性が犯人であることを証明できる決定的な証拠ではなかった**ことがわかる。

しかし、裁判に関わった多くの人がDNA鑑定の精度こそが、男性が犯人であると決定づける証拠であると思い込んだため、結果的に有罪の判決が下されてしまった。後に、このDNA鑑定の結果は、より精度の高い方法によって誤りであることが判明し、男性には2010年の再審で無罪判決が出ている。

冤罪が生まれた足利事件と検察官の誤謬

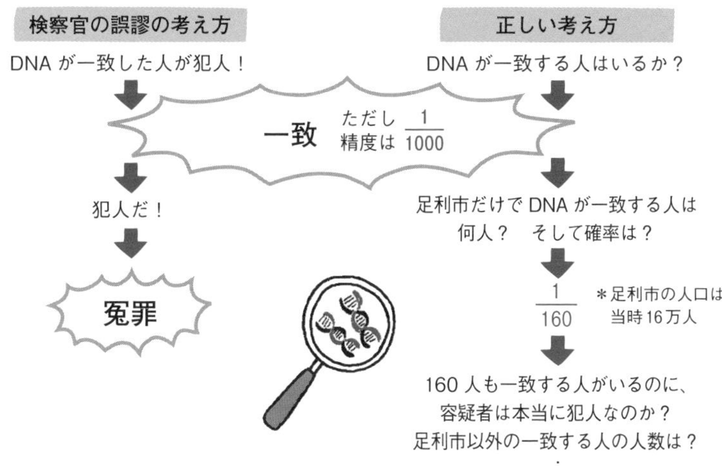

現在、DNA鑑定の精度は4兆7000億人に1人と非常に高くなっている。そのため、足利事件のような冤罪事件は起こりにくくなっているだろう。しかし、精度がどれほど高くなっていたとしてもDNA鑑定の精度に対する解釈が変わるわけではない。

裁判員制度により、私たちも重大な事件の裁判に関わる可能性があり、確率的な解釈が判断の基準となる場面もあるだろう。メディアなどでも誤った解釈が報道されることもあるかもしれない。足利事件などの事例を教訓として、確率の解釈に注意するべきだろう。

参考文献

Carl Bergstrom and Jevin West, “Calling Bullshit: The Art of Skepticism in a Data-Driven World,” Random House, 2020.［カール・バーグストローム／ジェヴィン・ウエスト（小川敏子訳）『デタラメ データ社会の嘘を見抜く』、日本経済新聞出版、2021年。］

Leung Ching, “The Prosecutor’s Fallacy - a Pitfall in Interpreting Probabilities in Forensic Evidence,” Med Sci Law: 42, 44-50, 2002.

Tom Chivers and David Chivers, “How to Read Numbers: A Guide to Statistics in the News (and Knowing When to Trust Them),” Weidenfeld & Nicolson, 2021.［トム・チヴァース／デイヴィッド・チヴァース（北澤京子訳）『ニュースの数字をどう読むか：統計にだまされないための22章』筑摩書房（ちくま新書）、2022年。］

第 III 部

認知バイアスへの情報学的アプローチ

「どうして、この人たちは怒らないのだろう?」
「なぜ、あの人を執拗に攻撃するのだろう?」
SNSによって不特定多数の人たちの意見が
公にされたことによって、
このように社会の分断を実感している人は多いはず。
しかし、あなたが普段見ている景色を、
他人も同じように見ているとは限らない。
第Ⅲ部で解説する認知バイアスを知ることで、
世界の見え方をアップデートできるだろうか。

あの謎設定の白い犬がスマホのCMに出続けている理由？

利用可能性ヒューリスティック

Availability Heuristic

意味 自分がよく見てきたもの、印象に残っているもの、アクセスしやすい情報を基準にして、意思決定や判断を行うこと。

関連 ウーズル効果（→190ページ）、目立ちバイアス（→230ページ）

意味不明なCMの謎

普段何気なく見ているCMや広告を出すために、企業は結構なお金をかけている。人気番組の視聴率が高い時間帯や本数によっては、放映料だけで数億円規模になり、これに加えて制作料や芸能人の契約費用も多大だ。芸能人がお茶を飲んで微笑むだけ、きれいな風景の後に企業のロゴが浮かんでくるだけの、見る側にとっては面白みを感じない映像を流すために、そこまでの大金を支払う価値があるのか不思議に思わないだろうか？

しかし、数種類の商品が陳列された棚から急いでどれかを選ばなければならないとき、のどがカラカラで自動販売機で何かを買おうとしているとき、人はCMで見たことがある商品を選ぶ傾向が強いのだ。もっとも、ほとんどの人は「CMで見たこの商品を買おう」などと意識しているわけではない。ところが、企業の広告費用を回収してあまりあるほどに、多くの人々の意思決定に関与してしまう。

アルゴリズムとヒューリスティックの比較

	アルゴリズム	ヒューリスティック
意思決定までの時間	遅い	早い
プロセスの手順	複雑・決まっている	シンプル・決まっていない
解の正確性	高い	低い
臨機応変さ	弱い	強い

経験（ヒューリスティック）と客観的ルール（アルゴリズム）による意思決定の違い。

なぜなら、**人はたとえ意識していなかったとしても、かつて自分が見たもの、印象に残っているものを基準にして意思決定をしてしまう傾向がある**からだ。この認知バイアスを、**利用可能性ヒューリスティック**という。「利用可能性」とは思い出しやすさのこと、「ヒューリスティック」とは英語で「経験則の」「試行錯誤的な」という意味がある。すなわち、無意識的に経験に従った意思決定を行うことを意味している。

自分ばかりが嫌な役回りをしている？

学校や仕事、友人関係などでも、自分ばかり雑用を押しつけられていると感じたことはないだろうか。しかし、もしかしたら相手も同じように感じているかもしれない。ここにも利用可能性ヒューリスティックが働いている可能性がある。

たとえば家事は、排水溝の掃除、まな板の漂白、ごみ袋の交換など、無数の細かい作業の集積だ。こういった名のない家事は、他人がやったものは可視化されにくい。一方で、自分がしたことはよく覚えているものだ。

つまり、自分だけが一方的に雑用や家事をやっているものだと判断してしまう。そうした事実を裏付けるように、夫婦にそれぞれ、自分の家事への貢献度を尋ねると、その合計は100%を超えることが多いという（Ross & Sicoly, 1979）。**利用可能性ヒューリスティックの構造（自分の経験ばかりを**

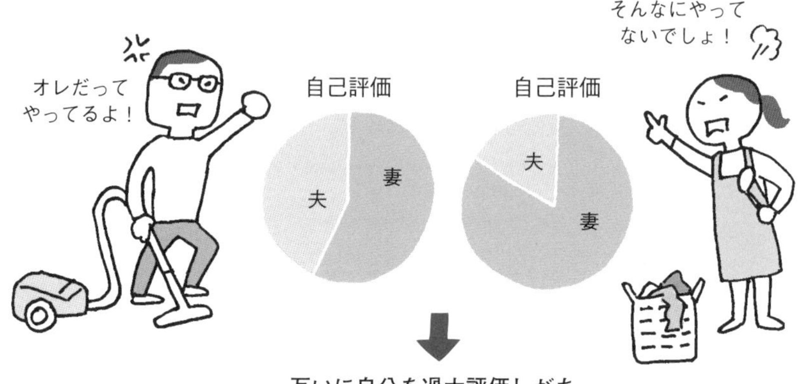
自分の家事への貢献度は？
オレだって
やってるよ！
自己評価
夫
妻
自己評価
夫
妻
そんなにやって
ないでしょ！
互いに自分を過大評価しがち。

重視した偏った判断）に気がつかないと、自分がしてあげたことばかり注目し、相手がしてくれたことに感謝できなくなるため、喧嘩（けんか）に発展するというわけだ。

その思想は本当にあなたの思想なのだろうか？

国や人種、世代、性別、政治、宗教などに対する考え方など、あらゆる価値観に利用可能性ヒューリスティックは関係している。

身の回りにいる人の発言、国の政策やメディアによって発信される情報にさらされることで、特定の立場の思想を当然と感じてしまう。別の視点をおざなりにしてしまい、物事をありのままに見ることができていない可能性がある。それも、知らず知らずのうちにだ。

特にメディアは、珍しい事件、凄惨な事件や、負の感情を掻き立てるような社会的問題を取り上げる傾向がある。これらの事件や問題は、必ずしも社会で頻繁に起きているわけではないが、視聴する側の印象には強く刻まれ、実際より多く起きているように感じてしまう。しかし、その感覚が本当に社会の全体像を表しているとは限らないことに注意したい。

実際、**少年犯罪や世界の飢餓、貧困は年々減少傾向にあるが、実際より悲観的に社会の情勢をとらえる人が多い**ことが指摘されている。

他人の意見や情報だけでなく、**自分が経験したことはより強烈に判断基準に影響を及ぼす。**たとえば、恋人に浮気されてしまったり、盗難被害に遭ったときに「男／女はみんな浮気をする」「人間は隙があれば盗難をする」など、実際の確率よりも頻繁にある出来事が起きると考えてしまう。

利用可能性ヒューリスティックの悪影響を防ぐには？

ではなぜ、誤った判断を生み出してしまう利用可能性ヒューリスティックという機能が人間に備わっているのだろうか。

利用可能性ヒューリスティック自体は**脳を効率的に使うためのショートカットのようなもので、経験則に基づいて日常の雑多な選択にいちいち悩まず生活するための必須の機能**といえる。世界は複雑であり、情報は無数に存在する。これらをすべて認識して物事を判断するのは途方もなく時間がかかり、脳は疲弊してしまう。

しかし、副作用としての利用可能性ヒューリスティックが生まれるのはすでに述べたとおりだ。特に他人や周囲との関係においては、個々人の利用可能性ヒューリスティックの対立によって泥沼化しやすい。そうした場合に、事実をありのままにとらえることの難しさを知る立場から、情報収集に多少の手間をかけることで問題を俯瞰(ふかん)したい。対立や分断によって双方がより先鋭化する世界線ではなく、譲歩できる部分や歩み寄れるところを模索する姿勢で臨んだほうが、問題解決の糸口はつかみやすいはずだ。

参考文献

Daniel Kahneman and Amos Tversky, "Availability: A Heuristic for Judging Frequency and Probability," Cognitive Psychology: 5, 207-232, 1973.

Amy Maxmen, "Three Minutes with Hans Rosling Will Change Your Mind about the World," Nature: 540, 330–333, 2016.

Hans Rosling et al., "Factfulness Illustrated : Ten Reasons We're Wrong about the World - Why Things are Better than You Think," Sceptre, 2019. [ハンス・ロスリング『FACTFULNESS(ファクトフルネス)』日経BP、2019年。]

Michael Ross and Fiore Sicoly, "Egocentric Biases in Availability and Attribution," Journal of Personality and Social Psychology: 37, 322-336, 1979.

鈴木宏昭『認知バイアス 心に潜むふしぎな働き』講談社(ブルーバックス)、2020年。

高橋昌一郎『感性の限界』講談社(講談社現代新書)、2012年。

結果も大切だが、原因や結果が出るまでのプロセスにも目を向けよう。

生存者バイアス

Survivorship Bias

意味	ある対象について、失敗した事例ではなく、成功した一部の事例についてのみ着目し、それを基準として判断をしてしまうこと。
関連	利用可能性ヒューリスティック（→178ページ）、目立ちバイアス（→230ページ）

合格体験記を読むことの効用

受験の合格体験記を読んだことがあるだろうか。難関大学の難関学部に合格した先輩が、受験期に取り組んだことを書いている。

「毎日○時間勉強して、この参考書だけを何度も解きました」

なるほど、それなら自分もその難関大に簡単に合格できそうだ、と受験期の不安から解放されて前向きな気持ちなる。そして、成功者の経験をトレースすることは、目標を達成するための正攻法であることは間違いない。しかし、藁（わら）にもすがる思いでこのたった1つのサンプルの成功体験のみを過信してしまう人も中にはいる。

上記は極端な例かもしれないが、我々は何かを成し遂げようとするとき、往々にして成功した人の意見や体験に注目しがちだ。このように、**成功した人や事象を基準として物事を判断すると、失敗した事例に目をふさぎがちになってしまう**ことを**生存者バイアス**という。

身近なところにある生存者バイアス

生存者バイアスに陥りやすい例は多い。

たとえば、「○○ワクチンは絶対に打たないほうがいい、マスクは不要である」と主張する著名人がいたとしよう。そして、当人や同様の主張をする仲間も実際に健康そうだとする。

すると、この主張に説得力を感じ、ワクチンにもマスクにも意味がないし、むしろ害悪であると考える人が増えることは、コロナ禍における論争を見ていれば納得できるはずだ。

このようなワクチンやマスクを否定する人は、ワクチンを打たずに感染して重症化した人の声や、死亡した人の事例を生存者バイアスによって無視しているかもしれない。ワクチンの有無による正確な死亡率の比較については、信頼性の高いデータを示さない限り、はっきりしたことはいえないだろう。

また、会員制ビジネスの顧客満足度が90%のサービスがあったとする。しかし、このデータにはサービスに満足せず脱会した人のデータは含まれていない。**そこに思い至らずに数字に信憑(しんぴょう)性を感じているとしたら、生存者バイアスにかかっている**といえるだろう。

高いところから落ちた猫ほど助かりやすい?

猫が2階以上の高層階から突然飛び降りてしまう**猫高所落下症候群（フライングキャットシンドローム）**の事例を分析した興味深い研究がある（Vnuk et al., 2004）。

高層マンションから転落した猫115匹のうち、9階以上から落ちた猫の死亡率が5%だったのに対し、それより低層から落ちた猫の死亡率は10%だった。当初、この結果に専門家は、「猫は高層から落ちるほど生存率が上がる」と考えた。高いところから落ちたほうが滞空時間が長く、着地姿勢をとることができるためではないか、と。

猫高所落下症候群の分析に見る生存者バイアス

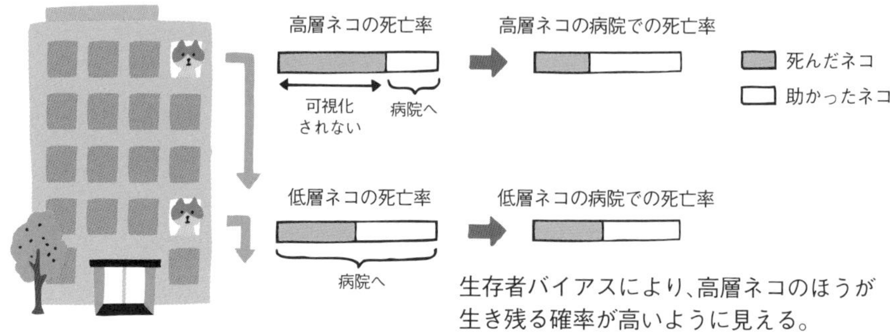

しかし、ここにも生存者バイアスがある。落下して死んでしまったネコは病院に運ばれないことに注意したい。高層から落下して重症であったり、即死した場合、あきらめて猫を病院に連れていかない飼い主もいることだろう。一方で、低層階では、重症であっても猫が生存することに希望を持ち、飼い主が病院に連れていく確率が高い。高層階から落ちた場合は、木がネットになって衝撃が和らいだなど、奇跡的に軽傷で済んだケースのみが病院に連れて行かれることになる。

本来の生存率は高層階から落ちたほうが低いが、病院に連れていかれる猫に対する生存率は高層階から落ちた猫のほうが高くなっていたため、結果として高層階から落下した猫の生存率が高く見えるようになったのだ。

このように**結果だけを見て過去の原因を予測しようとすると、生存者バイアスの罠に陥ってしまい、物事を正しくとらえることができなくなる。**

戦闘機の生存者バイアス

生存者バイアスで最も有名な例は、戦時中の戦闘機の補強箇所に関する問題だ（Wald et al., 1943）（創作という説もある）。

第二次世界大戦中、飛行から戻ってきた戦闘機について、損傷をうけた箇所の補強を行うことにした。このとき、海軍の研究者は最も被弾が多い部分の装甲の強化をすることを提案した。

しかし、この考えに対して、ある統計学者は、「戦場から戻ってきた戦闘機は撃墜されなかった戦闘機であり、最も考慮すべきは還ってこなかった戦闘機の被弾箇所である」ことを指摘した。帰還できた戦闘機は急所の被弾を免れたために撃墜されなかったのである。すなわち、生還機の被弾箇所ではなく、被弾されなかった箇所こそ装甲するべきなのだ。

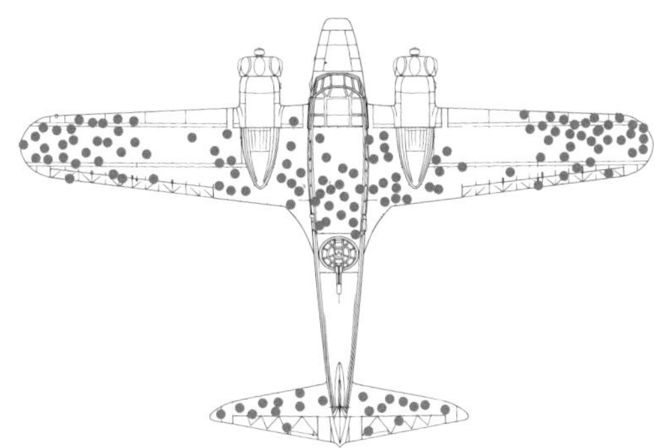

被弾して戻った戦闘機の、
どこを補強すべきか？

生存者バイアスに騙されないためには

普段人は目にするものから物事を判断する。しかし、その裏に隠れているものについても考えなければならない。生存者バイアスを避けるには、過去から時系列の変化を見て、笑った人がいる背後に、涙を流している者がいることに思いを馳せることが大切だ。

合格体験記に書いてあった参考書をやっても、不合格になった人がたくさんいるかもしれない。同じ参考書で勉強して、合格した人、しなかった人の違いは何なのか、その先に本当の合格の秘訣があるのだろう。

参考文献

Daniel Kahneman and Amos Tversky, "Availability: A Heuristic for Judging Frequency and Probability," Cognitive Psychology: 5, 207-232, 1973.

Gary Smith, "Standard Deviations: Flawed Assumptions, Tortured Data and Other Ways to Lie With Statistics," Duckworth, 2016.［ゲアリー・スミス（川添節子訳）『データは騙る』早川書房、2012年。］

Drazen Vnuk et al., "Feline High-rise Syndrome: 119 cases (1998-2001),"Journal of Feline Medicine & Surgery: 6, 305-312, 2004.

Abraham Wald, "A Method of Estimating Plane Vulnerability Based on Damage of Survivors," Statistical Research Group, Columbia University: CRC 432, 1943.

高橋昌一郎『感性の限界』講談社（講談社現代新書）、2012年。

頭がいい人が集まった組織でも、時にとんでもない決断をする理由。

限定合理性

Bounded Rationality

意　味　人が合理的に意思決定しようとしても、限られた合理性しか持てないこと。

関　連　後知恵バイアス（→34ページ）

第二次世界大戦の日本軍の判断は非合理的だったのか？

第二次世界大戦で日本が敗戦した理由について、日本軍の判断や構造が非合理的であり、合理的なアメリカ軍に負けたという文脈で語られることが多い。確かに、日本が負けたことを知っている現代では、生存者バイアス（→182ページ）や後知恵バイアスの影響下で分析することになる。すると、当時の日本がとにかく愚かで判断力がなかったと解釈しやすい。

しかし、後世の人間から見て非合理的だったとしても、当時の状況下に置かれた者にとっては、それが「精一杯の合理的な判断だった」ということもありえる。

ガダルカナル島での戦いで、日本軍は銃や砲弾を持ったアメリカ軍に対し、刀剣などの近接戦闘用の武器を用いた突撃戦術を繰り返して8500人もの死者を出した。これに対し、なんと無謀で非合理的な日本軍なのだという批判は多いが、当時の陸軍の状況を考えると別の景色が見えてくる。

- 兵士へ対し、時代遅れな近接戦に特化した教育をしてきた。
- 自己犠牲の精神を評価する雰囲気を長い時間と労力をかけてつくった。
- 無数の勇敢な兵士を突撃で戦死させてきた。
- 敗戦したら他国に支配される悲惨な未来が待っている。

3つ目までは、これ自体が非合理的な方針だったといえるが、決定の渦中にそれをなかったことにして考えることはできない。そして4つ目は特に深刻だ。現在から見れば、被害が甚大になる前に早く降伏すればよかったと思うかもしれないが、敗戦後に、現在のような日本になるかどうか、当時は予測できなかったはずだ。

以上のように、それまで陸軍がかけた莫大(ばくだい)なコストやリスクを考慮すると、日本軍にとってはたとえ勝利の確率が限りなくゼロに近くても、戦うことが合理的でありえたのだ。

この例に限らず、個人がその状況に合わせて合理的な行動をしたとしても（**個人的合理性**）、組織として非合理的な行動をしてしまうことが往々にしてある（**集団合理性**）。このように、**人が合理的な意思決定をしようとしても、限られた合理性しか発揮できないこと**を**限定合理性**という。

後出しジャンケンで批判することは誰にだってできる。しかし、本当に注目すべきは、失敗に至るまでにいかなる困難があったのか、である。

インパール作戦におけるエージェンシー理論

インパール作戦は、日本軍における史上最悪の作戦といわれる。作戦には長期間を要するが、物資が十分ではなく、日本軍幹部も多くが不可能な作戦であると考えていたが、司令官である牟田口中将が無理やり決行したことで、5万人以上の兵士が凄惨な状況で亡くなった。しかも、ほとんどが飢えと病気で死んだのだ。たとえ過酷な状況下で限られた選択肢しかなかったとしても、限定合理性でこの無謀な作戦の決行を語ることはできる

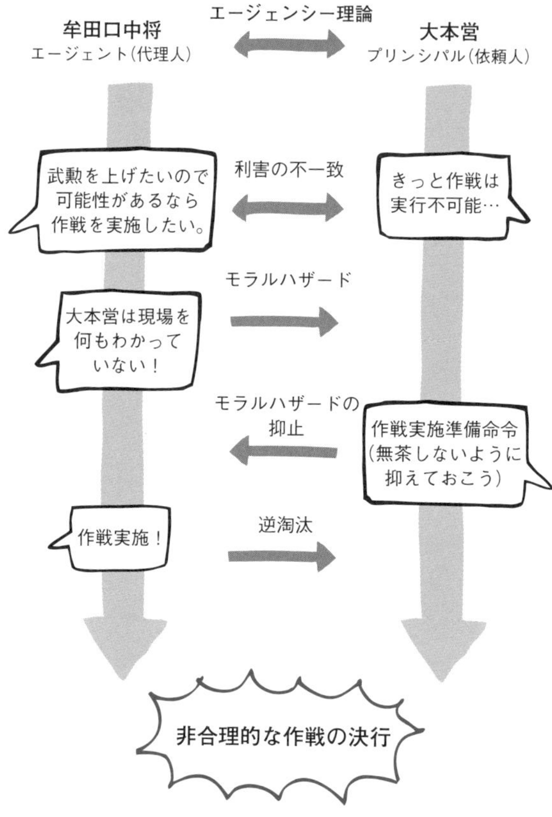
なぜ、インパール作戦は決行されたのか？
牟田口中将
エージェント（代理人）
エージェンシー理論
大本営
プリンシパル（依頼人）
武勲を上げたいので可能性があるなら作戦を実施したい。
利害の不一致
きっと作戦は実行不可能…
モラルハザード
大本営は現場を何もわかっていない！
モラルハザードの抑止
作戦実施準備命令（無茶しないように抑えておこう）
作戦実施！
逆淘汰
非合理的な作戦の決行

のだろうか。

インパール作戦の決行は、図のように**エージェンシー理論、モラルハザード現象、逆淘汰**という3つの言葉で説明できる。この一連の流れを頭に入れてインパール作戦決行までの流れを見てみよう。

牟田口中将（エージェント）は、大本営（プリンシパル）が限定合理性によって現場を完全に把握していないことを利用し、大本営はインパール作戦の必要性を何もわかっていないと批判した（モラルハザード）。

ここで大本営は「作戦実施準備命令」（勝てると思われるときは作戦を実施し、そうでないときは中止、という柔軟な命令）という措置をとり、将来的にインパール作戦が実施されなくなることを待つことにした（モラルハザードを防ぐための規則）。前線では誰もが賛同しない作戦ゆえに実行されることはないと考え、良識ある人々は沈黙した。

他方で、インパール作戦の無謀性をよく理解しておらず、この作戦が成功する確率が0%でないのであれば、政治的に利益がある司令官が、この作戦を実行するために大声を上げたのである（逆淘汰）。

このように、それぞれが限定合理的に行動した結果、非合理な作戦が決行されてしまったのである（菊澤、2017）。

人間は完全には合理的に生きることはできない

誰しもが就職や結婚に失敗したいと思ってはいない。幸福な人生を求め、そのときのできる限りの合理的判断で就職先や結婚相手を選ぶはずだ。しかし、仕事で鬱になる人や離婚する人はとても多い。事前にすべての情報を得て、完璧な選択をすることはできないからだ。

このように、**あらゆる場面で人間は限られた合理性しか持つことができない**のである。

企業の経営についてもいえる。たとえば大手の石油会社などは、新技術開発などにあまり積極的ではないといわれている。今後石油は枯渇するだろうし、次世代のエネルギーに目星をつけて切り替える準備をしておかないと企業は将来的に衰退していくだろう。はたから見ていると、古い利益に安住している愚かな企業に見えるかもしれない。しかし、組織が巨大になり、日本各地に石油工場を持ち、これを燃料や材料として提供する各種企業とのやり取りがある。この状況で、当たるかもわからない新しいエネルギー事業にシフトするのは莫大な取引コストがかかるわけである。

政治家や経営者などのあらゆる責任者、家族であっても、何かの失敗の際に非合理性を批判されることは多い。しかしそのとき、人間が完全に合理的に振る舞えることを当然としてはいけない。なぜなら、自らもまた限定合理性の罠に陥る可能性があるのだから。

参考文献

Herbert Simon, "From Substantive to Procedural Rationality," Method and Appraisal in Economics, Cambridge University Press: 129-148, 1976.

菊澤研宗『組織の不条理:日本軍の失敗に学ぶ』中央公論新社（中公文庫）、2017年。

高橋昌一郎『理性の限界』講談社（講談社現代新書）、2008年。

高橋昌一郎（監修）『絵でわかるパラドックス大百科: 増補第二版』ニュートンプレス、2021年。

情報学系
バイアス

04

書籍に記されていることや、引用されている情報は、すべて真実なのだろうか？

ウーズル効果

Woozle Effect

意味 証拠や根拠がないにもかかわらず、頻繁に言及や引用されることにより、事実であると誤解される現象のこと。

関連 利用可能性ヒューリスティック（→178ページ）

ウーズル効果という名称の意外な由来

ウーズル（Woozles）とは、「クマのプーさん」に出てくる架空の動物である。ディズニーアニメの日本語版では「ヒイタチ」と訳されている。ティガー（プーの親友の虎の子ども）はプーに、ハチミツを狙う動物して、象とイタチがいることを教えようとするが、発音を誤ってHeffalump（ヘッフォラン、本当はElephant。日本語訳はズオウ）とWoozles（ウーズル、本当はWeasel。日本語訳はヒイタチ）

と教えてしまう。不安になったプーは、存在しない動物であるヘッフォラン（ズオウ）とウーズル（ヒイタチ）がハチミツを狙う悪夢を見ておびえるようになる。この悪夢は、ディズニーランドのアトラクションである「プーさんのハニーハント」でも見ることができる。

ある日、プーがヤブのまわりを歩いていると、足跡を見つける。プーはそれをウーズル（ヒイタチ）の足あとだと思い込み、親友ピグレットと一緒にウーズルを追うことになる。すると、雑木林のまわりを何度も回るうちに足跡が増えていくので、ますますウーズルの存在を確信していく。しかし、その足跡は自分自身のものだった――。

プーがウーズルの存在を増える足跡を追うごとに確信していったように、**事実でないことが頻繁に世に引用されることで、事実とされたり都市伝説となったりすること**を**ウーズル効果**という。

麻薬の危険性が軽視されて社会問題になったケース

ウーズル効果の有名な例の1つが、1980年にイギリスの論文誌に掲載された、「医療麻薬は中毒になりにくい」という論旨の論文である。患者への医療麻薬の使用に関する記録から、世間で騒がれているほど麻薬は危険ではないと主張しているものだが、本来は病院内での医療麻薬の使用のみを対象とした研究だった（Porter & Jick, 1980）。

ところが自宅用に処方された麻薬の使用においても同様であると主張する目的で、この論文は多数引用されるようになってしまった。ある製薬会社はこの論文を引用し、モルヒネと似た目的で使用されるオキシコドンという薬を、「中毒のリスクが低い」として売り出した。かの有名なタイム誌でも「麻薬による中毒症状には根拠がないことを示した画期的研究」であると取り上げられ、論文の引用数はオキシコドンの発売後に急激に増えた。

こうして、論文が当初の論旨とはかけ離れた引用をされたことで安全性が過剰に見込まれ、大量に処方されることとなり、その後中毒患者が多発

ウーズル効果によって歪められた論文の内容

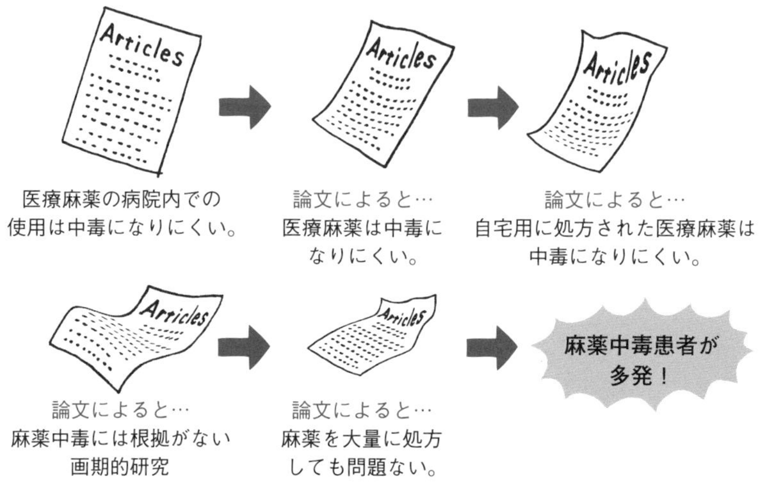
Articles
医療麻薬の病院内での
使用は中毒になりにくい。
論文によると…
医療麻薬は中毒に
なりにくい。
論文によると…
自宅用に処方された医療麻薬は
中毒になりにくい。
論文によると…
麻薬中毒には根拠がない
画期的研究
論文によると…
麻薬を大量に処方
しても問題ない。
麻薬中毒患者が
多発！

するという社会問題となってしまった。製薬会社とその管理職は、オキシコドンの中毒リスクについて、規制当局、医師、および患者を欺いたとして告訴され、有罪判決を受ける結果となった（Zee, 2009）。

このように、再現実験によって裏付けをとらず、誤った情報をもとに新たな研究が進んでいってしまうことがあるのだ。

ウーズル効果を防ぐことの難しさ

情報が気軽に発信できるようになった今の社会では、ウーズル効果の影響はさらに強くなっているといえる。

たとえば著名人のスキャンダルなどだ。ネット上で嘘の告発や根も葉もない噂が流れることで、ウーズル効果によって真実のようにとらえられることがある。一度拡散し、炎上してしまうと、負のイメージを覆すことは難しい。ほとぼりが冷めても、「デジタルタトゥー」として半永久的にネット上に残った事実無根の情報が、いつ、誰によって「引用」され、再び火がつくかもわからない。

実際、ある凶悪な少年犯罪の犯人の1人だったとデマを流され、それを真実だと思った人たちによって、長年にわたって誹謗（ひぼう）中傷を受け続けた芸能人もいる。

ネットだけではない。学校や会社などの人間関係でも、似たようなことが起きる可能性があるだろう。

参考文献の多い書籍の正しい読み方

本節を読んで、「自分はウーズル効果を知ったから、もう騙されない」と思う読者もいるかもしれない。しかし、その過信こそが判断を誤らせることを自覚してほしい。

書籍やネットの情報を見ていると、「学術誌に発表された○○という研究によれば、△△するのが正しいと思われる」などという記述を目にする。すると、学術的なエビデンスがあるのであればと、無批判に意見を受け入れやすくなってしまう。特に予備知識があまりない分野については、その傾向は強くなるのではないか。

しかし、先述したように一流の製薬会社や科学者さえ、騙されてしまう例があることは肝に銘じておいてほしい。

一般に書籍は多くの文献を参考にして記述されているが、たとえ一次ソースだったとしても、そこに記された情報に誤りがある可能性は否定できない。したがって、**書籍の内容については“真実”としてではなく、「○○という見方がある」「○○といわれている」という“知識”として受け取る読み方が賢明**と思われる。

参考文献

Pamela Leung et al., “A 1980 Letter on the Risk of Opioid Addiction,” New England Journal of Medicine: 376, 2194–2195, 2017.

Jane Porter and Hershel Jick, “Addiction Rare in Patients Treated with Narcotics,” New England Journal of Medicine: 302, 123, 1980.

Art Zee, “The Promotion and Marketing of OxyContin: Commercial Triumph, Public Health Tragedy,” American Journal of Public Health: 99, 221–227, 2009.

新しいことが覚えられないのは歳だけのせいじゃない？

グーグル効果

Google Effect

意味 インターネットの検索エンジンの利用で簡単に収集できる情報について、記憶する能力が低下する現象のこと。デジタル健忘症とも。

関連

情報が大量に簡単に手に入ることの問題とは

人間の習慣や文化はインターネットの台頭によりここ数十年で大きな転換を遂げており、格段に便利になったといえる。しかし、急激に発達したデジタル社会と、何万年もかけてゆっくり進化してきた人体の性質との摩擦に注目することも大切だ。

その一つが**グーグル効果**、**デジタル健忘症**と呼ばれるものだ。これは、**情報がパソコンやスマホの中に保存されていると考えると、人間は無意識のうちに進んでこれらを覚えようとしなくなる傾向**を指す。

グーグル効果が起こる理由を理解するために、まずは脳の記憶のメカニズムについて確認しておこう。

脳は体の中でも大きなエネルギーを消費する部位であることが知られている。大人であれば全消費エネルギーの2割程度を使うという。したがって、人間の脳にはなるべくエネルギーを節約しようとする機能があると指

グーグル効果の概念図

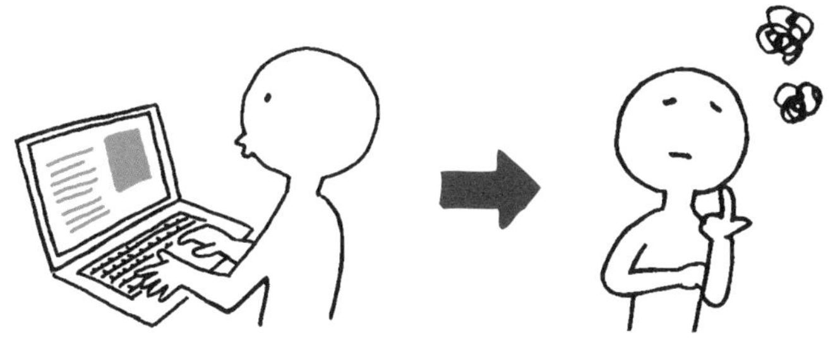

ネットサーフィンで
簡単に手に入れた情報は……

忘れやすく、知識になりづらい。

摘されている。

中でも記憶のエネルギー消費量は多い。物事を記憶するためには、脳の神経細胞のつながりを変化させる必要があるが、特に長期記憶には複雑なプロセスが必要だ。神経細胞の書き換えをしたうえで、この新しい回路に何度も電気信号を流さなければならない。

英単語を覚えるために何度も書いたり、暗唱したことがあるだろう。このように、信号を出すためには、集中して何度もそれに関することに注意を向ける必要がある。

つまり脳にとって記憶を固定することは骨の折れる重労働であり、すでにどこかに情報が保存されているとわかれば、脳はエネルギーを節約するように働くのだ。

この脳の特性を実際に確認した実験がある。被験者は複数の文章を読み、その内容を記憶しなければならないと伝えられる。試験の前に、ある被験者群にはこの文章がパソコン上に保存されることを伝え、別の被験者群には削除されることを伝えた。その後、どれくらい文章を記憶しているか試験を行った（Sparrow et al., 2011）。

すると、**パソコンに保存されると伝えられた側の被験者のほうが記憶で**

きた内容が少ないことがわかった。注意したいのは、被験者にはこの後パソコンの情報を見られるとは伝えられていないことだ。ただ、パソコンにデータが保存されるという事実だけで、記憶力が落ちてしまうのだ。

スマホのカメラで授業の板書を保存する学生は多いのではないだろうか。このとき、カメラで撮らない人と比べて授業の内容を深く理解しにくくなっているのかもしれない。

デジタル機器は注意力を奪っている

グーグル効果とは異なるが、デジタル機器やSNSにより注意力が奪われている例は多い。

たとえばSNSは、利用者の利用時間が長いほど広告収入などにつながることから、人間の注意力を引きつけるためのあらゆるテクニックが駆使されたシステムがつくられている。また、SNSは特に承認欲求や社会への帰属感につながり、ここで発生する「いいね」などの反応は脳の報酬系

デジタル機器などによる注意力を防ぐためのチェックリスト

□ 1日数時間スマホの電源をオフにする。

□ アプリの1日の使用可能時間を設定する。

□ 睡眠時間を減らさないためにスマホを寝室に持ち込まない。

□ プッシュ通知をなるべくオフにする。

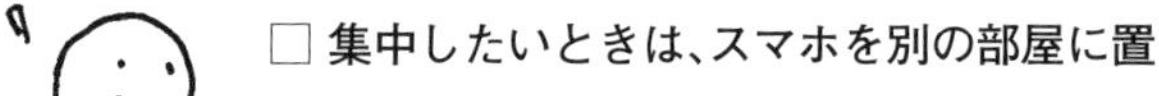

□ 集中したいときは、スマホを別の部屋に置く。

□ ストレスを下げ、集中力を高めるために運動をする。

に影響する。美味しいものや麻薬を摂取したときに発生するドーパミンが出るのだ。

すると、スマホがいつも気になって仕方なくなる。これにより、やるべきことへの集中力が失われてしまうわけだ。これは誰にでも心当たりがあることかもしれないが、悪影響は深刻である。

一方で、スマホを使わないことのメリットが報告されている。イギリスの研究では、**学校でスマホの利用を禁止したところ、生徒の成績が上がった**という（ハンセン、2021）。

どうすればグーグル効果の悪影響から逃れられるか？

数多くの情報がすぐに手に入るようになり、何かを記憶しているだけでは能力として評価されづらい時代になってきたといえる。このため、何かを深く勉強しようという意欲も低下しているかもしれない。

しかしながら、多くの試験においてスマホやパソコンの持ち込みが禁止されているので、暗記の必要に迫られる場面は残っている。こうした状況を非合理的と考える向きもあるかもしれないが、スマホやパソコンを使ったとしても、ベースとなる知識量が多いほど目的の情報に早くアクセスでき、理解するまでの時間は短いはずだ。つまり、問題解決のためには情報を自分の脳に蓄積しておくに越したことはないのである。

ちなみに、**紙の本や辞典を使って勉強した場合のほうが記憶の定着率が高い**ことがわかっている。深く勉強したい場合は紙の本を使用するといいだろう。

参考文献

Guangheng Dong and Marc Potenza, “Behavioural and Brain Responses Related to Internet Search and Memory,” European Journal of Neuroscience: 42, 2546-2554, 2015.

Betsy Sparrow et al., “Google Effects on Memory: Cognitive Consequences of Having Information at Our Fingertips,” Science: 333, 776-778, 2011.

アンデシュ・ハンセン（久山葉子訳）『スマホ脳』新潮社（新潮新書）、2020年。

「私はみんなと違ってメディアに踊らされたりしない!」と、みんなが思っている。

第三者効果

Third-Person Effect

意味	自分自身よりも他人のほうがマスメディアから影響を受けやすいと考える傾向のこと。
関連	敵対的メディア認知（→202ページ）

アニメの規制

漫画『ONE PIECE（ワンピース）』にサンジというキャラクターがいる。漫画や日本版のアニメではいつもタバコをくわえているが、海外アニメ版では、棒がついた飴玉をくわえている。アニメ「クレヨンしんちゃん」でも、教育上好ましくない“下品な”シーンが封印されるようになった。

他にも、殺人犯や性犯罪者が好んでいたアニメやゲームを規制しようという声が上がることは多い。

いずれも子どもへの悪影響を防ぐためなのだろうが、こうした規制の動きは健全な社会のために必要なことなのだろうか？

この現象に着目した一つの理論が**第三者効果**である。

第三者効果とは、**メディアやインターネット等でプロパガンダ（特定の思想・世論・意識・行動へ誘導する意図を持った行為のこと）や有害な情報にさらされたとき、自分自身はあまりその影響を受けないが、他人は大きな影**

メディアからの影響の見積りパターンと第三者効果

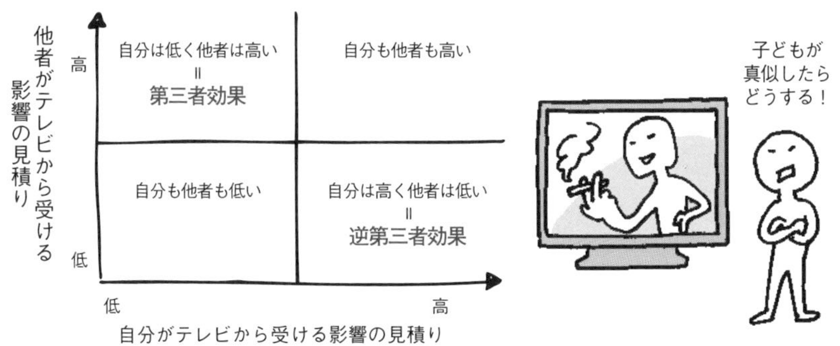

参考：正木誠子「第三者効果とメディア影響の推定がメディアに対する態度や行動に与える影響に関する考察―テレビ番組に対する批判に注目して―」慶應義塾大学メディア・コミュニケーション研究所、2020年。

響を受けやすいと考える傾向のことである。したがって、自分以外の第三者はメディアに悪い影響を受けやすいと考え、マスメディア等への規制を必要以上に進めてしまう可能性が指摘されている。

戦争における第三者効果の利用例

第三者効果を初めて提唱した社会学者が着想を得たきっかけは、第二次世界大戦中の日本軍の軍事戦略だ。日本軍は硫黄島での戦闘に際して、米軍のアフリカ系兵士で構成された部隊にプロパガンダを仕掛けた。

「白人のために命を脅かす必要はない、日本人は有色人種と戦わない、降伏せよ」という内容のビラを撒いたのだ。

このビラがどの程度アフリカ系兵士の心を動かしたのかはわかっておらず、むしろ説得効果はほとんどなかったという説もある。

しかし、この部隊を統率していた白人の司令官は部隊を撤退させたのだ。司令官はビラによって黒人兵士の士気が下がったことを懸念したと考えられる。アフリカ系兵士に送ったメッセージが、結果として本来ターゲットではなかった第三者である司令官の行動に影響を与えているわけだ。この第三者効果はプロパガンダの戦略として古くから活用されており、日本軍もこれを意図的に使った可能性について言及されている。

加えて、第三者効果の政治的弾圧への影響を指摘している。

たとえばある独裁政権国家は、言論統制を行い、反政府的な情報を発信する人などを収容所に収監して拷問や殺戮（さつりく）を行うことがある。

しかし民主主義国家では政治家や政党への批判が当たり前に行われるが、そう簡単に政権が揺らいだりはしない。独裁政権では第三者効果により国民の発する言論の影響が過剰に見積もられ、それが社会の考えを変えてしまうことを独裁者が恐れていると見ることができる。

第三者効果はどんな人が影響を受けやすいのか？

ナチスが台頭した時代、普及し始めたラジオを通して国民はヒトラーに熱狂したといわれており、マスメディアの登場とその影響の強さを示す文脈として語られがちだ。

しかし、実は大々的な宣伝活動が始まったのは政権獲得後という説もある。当時のナチスにとってもカリスマ性のあるヒトラーに国民が熱狂したという物語は都合がよく、かつ**失策した政治家たちやナチスに投票した国民にとっても、プロパガンダに騙されたとするほうが、都合がよかった**のだ。これに加え、第三者効果によるプロパガンダの影響力が過剰に見積もられているが、プロパガンダは我々が思っているよりメディアを通して広がるものではないかもしれない（稲増、2022）。

このように、マスメディアの影響が限定的であることを示唆する理論は**「限定効果論」**といわれる。限定効果論では、選挙における投票先が社会属性によって予測され、マスメディアの影響が限定的であることについて言及している。

あるプロパガンダについて、自分が受ける影響と、他人が受けると予想される影響についてアンケートを取ると、**ほとんどすべての人は、他人は自分よりプロパガンダの影響を受けやすいと答える**（Davison, 1983）。

しかし、すべての人にとって自分より他者のほうが影響されるというこ

ナチス台頭
戦後
メディアに
だまされたんです
私も被害者です
オレも…

マスメディアのナチス台頭に対する影響力は
限定的だったといわれている。

とはありえないので、これによって集団での**「誤認知」**が起きる。自分と比べて他人がメディアの影響を受けやすいと考えることは、他人を自分より判断力のない弱者と考えることに等しい。

この傾向は、ポルノなどに関しては女性のほうが、高齢であるほど、そして自分の教育レベルが高い自覚があるほど誤認知が起きやすいことが指摘されている。つまり、**他人への優越感を持っているほど第三者効果の影響を受けやすい**傾向がある（正木、2020）。

独裁国家の統率者などは、良い例なのではないだろうか。また、**よく勉強している専門家ほど第三者効果の影響を受けやすい。**こういった立場の人ほど、過剰な規制に加担していないか気をつける必要がある。

規制を行う立場というと、自分とは無縁に感じる人もいるかもしれないが、職場や学校や家庭における決まり事などをつくる場合に参考になるはずだ。

参考文献

Walter Davison, "The Third-person Effect in Communication," The Public Opinion Quarterly: 47, 1-15, 1983.
安野智子『メディアの影響力の認知は世論形成を媒介するか』選挙研究、11、46-60、1996年。
稲増一憲『マスメディアとは何か：「影響力」の正体』中央公論新社（中公新書）、2022年。
津田正太郎『ナショナリズムとマスメディア』勁草書房、2016年。
正木誠子『第三者効果とメディア影響の推定がメディアに対する態度や行動に与える影響に関する考察』慶應義塾大学メディア・コミュニケーション研究所紀要、70、57-70、2020年。

「マスゴミは偏向報道で自分たちに利益誘導している!」という意見は事実か?

敵対的メディア認知

Hostile Media Effect

意味	メディアが、自分の嫌悪する陣営に有利な報道をしていると認知する傾向のこと。
関連	第三者効果(→198ページ)

サブラー・シャティーラ事件に見るメディア批判

1982年、レバノンのサブラー、シャティーラにそれぞれあったパレスチナ難民キャンプで、大規模な虐殺が起き、世界に衝撃を与えた(サブラー・シャティーラ事件)。犠牲者はパレスチナ人を中心に3000人を超えるともいわれる。

この事件の背景にはレバノン内戦がある。当時レバノンにいたパレスチナ解放機構を撤退させるため、隣国のイスラエルがレバノンに侵攻、イスラエルと懇意だった人物をレバノン大統領に当選させることに成功した。しかし、その大統領は暗殺されてしまう。イスラエル側のレバノンの民兵組織はこれを、パレスチナ解放機構の犯行とみなし、復讐としてパレスチナ人を虐殺したのだ。この事件を報じた「比較的中立的な」報道を題材に次の実験が行われた(Vallone et al., 1985)。

実験では、同一の報道をイスラエル寄りとアラブ寄りの人に見せて、ど

敵対的メディア認知の概念図

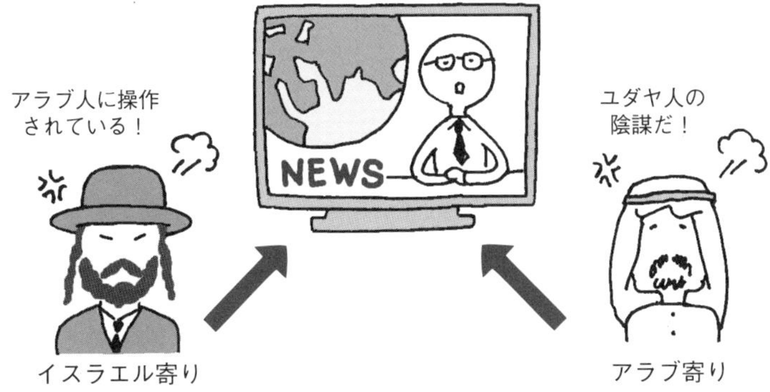
アラブ人に操作
されている！
NEWS
ユダヤ人の
陰謀だ！
イスラエル寄り
アラブ寄り

のような印象を持つかを検証した。結果、イスラエル寄りの人は報道がイスラエルに批判的であると解釈し，アラブ寄りの人はパレスチナに批判的であると解釈したのだ。このように、**中立的な報道に対して、実際以上に偏向していると感じる認知バイアス**を**敵対的メディア認知**と呼ぶ。

敵対的メディア認知は、メディア不信を助長するとして近年大きな問題として認識されている。「マスメディアのいうことを鵜呑みにするな！」と危惧したり、「マスゴミ」とメディアを蔑むコメントは特にネットで多く見られる。

しかし、現在のメディアは人々が思っているよりは中立であると思ったほうがいい。放送メディアについては、免許事業者の義務として偏向報道をした場合は免許が停止処分される放送法によって常に牽制されている。事実、テレビ朝日は1993年に偏向報道の疑惑があった際、国会で証人喚問となり廃業の危機になったことがある（椿事件）。

多くの視聴者に支持されるために、偏向報道は抑えるべきという認識はあるが、そもそも人間が情報を編集する以上、まったくバイアスのない情報というのは難しい。中立であろうとする報道でも、受け取り側は偏向報道と感じることがあると知っておくことは大切だ。

敵対的メディア認知の特徴とメディアの影響力

敵対的メディア認知の特徴とマスメディアの特徴について、端的にリストにまとめてみた。

敵対的メディア認知の特徴

- 自身の立場を支持する情報は良い情報ととらえ、反対陣営の情報を劣った情報とみなす傾向がある。
- 自分の意見に近いもの以外は中立と感じられない。受け手の党派性や信条にとって都合のいい「偏向」は、むしろ中立に感じてしまう危険性をはらんでいる。
- 対立構造への関与が高い人ほど強い影響を受ける。
- 自分にとってネガティブな情報ほど記憶しやすいことも、敵対的メディア認知に影響する。

メディアの影響力

- 選挙の投票先は身近な人の価値観によって支配されやすく、たとえマスメディアが偏向報道をしていたとしても簡単に変化しないことがわかっている(限定効果論)。
- これまで議論されてこなかった新しい論点が突然現れた場合、マスメディアは大きな影響力を持ちやすい。すなわち、昔からある論点についてはメディアの影響力は低く、新しい論点についてはメディアの影響力は大きい。

人は何らかのフレーム(枠組み)を使って物事を理解しようとする。同じ事実を伝えても、メディアがどのようなフレームで報道するかによって受け手の意見や態度は影響を受けている。これがフレーミング効果である(→54ページ)。

敵対的メディア認知の社会への悪影響

敵対的メディア認知では、中東問題に限らずさまざまな対立構造をもつ報道に関してみられる。これは第三者効果（→198ページ）とともに起きる側面を持っており、敵対するメディアが優勢でかつ、世論に大きな影響を与えると考えるようになる。

もしあなたが、多くのメディアは歪んでおり、敵対陣営に有利な報道をしていると思っているならば、メディアの影響力を買いかぶり過ぎだ。ここには、自分より劣った世間一般の人は、きっと影響を受けてしまうだろうと考える第三者効果が根底にある。自分が思っているほど、まわりの人のリテラシーは劣っていないのだ。すなわち、メディアの偏向報道に右往左往してしまう人というのは限定的といえる。

ところが、**敵対的メディア認知と第三者効果の2つのバイアスの両立によって、マスメディアへの軽視や敵視は強まり続けている。**

こうしたマスメディアへの批判や、それに伴い起きうる規制は社会にどのような影響を与えるだろうか。1つは、社会の分断を助長することである。もう1つは、ナチスのような独裁政権によるメディアの掌握である。メディアを規制することは、自らの政党の危険性を報道されずに、権力を行使したいと考えている政治家にとっては都合が良い（稲増、2022）。

以上のことから、**党派性のある視点や、マイノリティや弱者の声にフォーカスすること、差別や不正に対する厳しい追及など、一定のイデオロギーを持つ報道が必要な側面もある**ことがわかる。

メディアの影響を過剰に見積もることも、過少に見積もることも、どちらも危険があることを認識しながらニュースを見るようにしたい。

参考文献

Robert Vallone et al., “The Hostile Media Phenomenon: Biased Perception and Perceptions of Media bias in Coverage of the Beirut Massacre,” Journal of Personality and Social Psychology: 49, 577-585, 1985.

稲増一憲『マスメディアとは何か:「影響力」の正体』中央公論新社(中公新書)、2022年。

李光鎬『敵対的メディア認知とメディアシニシズム』慶応義塾大学メディア・コミュニケーション研究所紀要: 69、85-95、2019年。

殺戮、強制労働、拷問、差別、飢餓……、
それが人間のリアルなのか？

意地悪世界症候群

Mean World Syndrome

意　味	メディアが伝える暴力的な情報により、実際よりも世間が危険で残酷だと信じ込むこと。
関　連	利用可能性ヒューリスティック（→178ページ）、敵対的メディア認知（→202ページ）

メディアの影響力と意地悪世界症候群

第三者効果、敵対的メディア認知では、メディアによる報道は過剰に偏向性や危険性を見積もられ批判される傾向があると述べた。しかしこれは、メディアは人間にまったく影響を与えないといっているわけではないことに注意されたい。

たとえばウイルスの流行、大災害、世界中で起きているあらゆる事件は、ほとんどメディアを通して間接的に体験されるものだ。すなわち、我々の世界に対する認識は、メディアから伝達された情報を通して体験されたことから構築されるところが大きい。

しかし、世界中で起きることを限られたメディアの報道を通して伝達することは不可能であり、ここでは情報の選択が必要になる。すなわち、メディアを通してみる世界は、ありのままの世界とはいえない。我々の世界への認識も、ありのままの世界をとらえることはほとんど不可能なのだ。

世界をありのままに見ることは難しい

テレビやインターネットを通して、
世界の見え方がゆがむ。

ある研究で、1967～1975年のアメリカのドラマのシーンを分析した結果、約8割の番組が暴力シーンを含んでいたという。しかも1番組につき、平均5回の暴力シーンがあった。当然だが、普通の生活ではこれほどの高い確率で暴力事件に巻き込まれることはない（アメリカであっても）。制作者側はドラマを面白くするために劇的なシーンを多く入れたいのだ。

ある研究者は被験者のテレビ視聴時間と、「普段の生活でどれくらい暴力に巻き込まれる可能性があると感じているか」について関係性を調査した。すると、テレビの視聴時間が長い人のほうが、暴力に巻き込まれる確率を高く評価する傾向があった。世間は冷たく、悪人が多く存在し、利用される危険性を感じる傾向も強くなった（Garbner & Gross, 1976）。

この結果について研究者は、**暴力的な世界観のテレビに触れることによって、人は世間を冷たいと感じるようになる**と述べている。この現象を**意地悪世界症候群**と呼ぶ。

ネット社会での意地悪世界症候群

SNSやネットニュースのアクセスランキングなどで、多く拡散されるのはやはり悲惨なニュースである。震災や感染症の流行、戦争、汚職、痴漢冤罪、幼児虐待、凶悪犯罪、不倫、ハラスメント、親戚づきあいや街中で不快な思いをした話など……、いつまでもネットで読むことがやめられなくなった経験はないだろうか。

このように、気持ちが落ち込んだときに、暗いニュースを見続けてしまう行動を**ドゥームスクローリング**という。この言葉は2020年の新型コロナウイルスの流行や、2022年のロシアによるウクライナ侵攻を受けて注目され、しばしば意地悪世界症候群との比較がなされる。

たとえば、長時間テレビを見ている人ほど、世間は冷たいと感じる意地悪世界症候群に陥るため、警察や法律等がより弱者の保護をするべきという考え方になる傾向があると報告されている。

一方、**ドゥームスクローリングにおいては、特定の事件や組織、人種、信条を持つ人を偏った視点で批判する記事が多く存在し、差別意識を激しく助長する危険性が指摘されている。**さらに、ドゥームスクローリングは不安や鬱症状を悪化させ、睡眠パターンを乱し、注意力を下げ、過食を引き起こすことが報告されている。人のトラウマ処理能力も弱めることが発見されている（Blades, 2021）。

比較的真実や人権を重視し、一方向性が強いマスメディアからの情報と

ドゥームスクローリングは
意地悪世界症候群を助長する

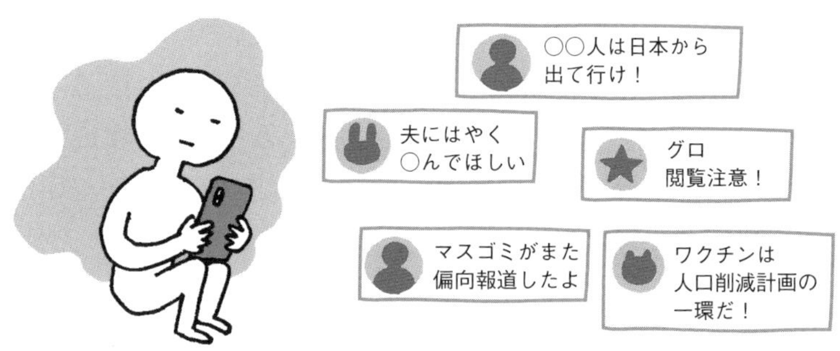

人はネガティブな情報に気を取られやすいネガティビティバイアスを持っているため、ドゥームスクローリングに陥りやすい。
結果、歪んだ世界観が形成されてしまう（意地悪世界症候群）。

異なり、ネットの情報は個人の裁量で選択されるため、自分と同じような意見や感性を持つニッチな情報に囲まれることになりやすい。つまり、**ドゥームスクローリングによって起きる意地悪世界症候群は、テレビによる効果よりもさらに強い影響力を持っている**と考えられるのだ。

ヒトは本質的に生存することを最優先に、脅威に備える。したがって、**ネガティブな情報ほど注意を向ける傾向がある**わけだ。この性質は**ネガティビティバイアス**といわれており、ドゥームスクローリングは本能的な行いといえるかもしれない。

それを経験則で学んでいるからか、インターネットの記事の見出しはアクセス数を稼ぐために、恐怖をあおる傾向が強い。

癒し系動物ニュースは必要なのか？

テレビのニュース番組を見ていて、「このトピック、取り上げるほどの価値はあるのか？」とあきれた経験はないだろうか。著名人の結婚・不倫・離婚報道、パンダのお見合い、かわいい動物など……もっと重要な、報道すべき問題があるだろうと思う。中には、「国内外や政権にとっての不都合なニュースの目くらましなのではないか」という指摘もある。

筆者は、それが完全にないと保証できる立場ではない。しかし、重要で悲惨な戦争や社会問題ばかりを取り上げると、社会はより悪いところであると感じてしまいやすい。メディアは世界を切り取って真実を伝える責任を負っている。**世界や人間の雑多な側面を紹介することは、意地悪世界症候群を軽減するための配慮であると考えることもできる**のだ。

参考文献

Robin Blades, "Protecting the Brain against Bad News," Canadian Medical Association Journal: 193, E428–E429, 2021.

George Gerbner and Larry Gross, "Living with Television: The Violence Profile," Journal of communication: 26, 172–199, 1976.

稲増一憲『マスメディアとは何か:「影響力」の正体』中央公論新社(中公新書)、2022年。

30人のクラスの中で、同じ誕生日の2人が存在することは「奇跡」や「運命」なのか？

どこでも効果

Look-Elsewhere Effect

意味 一見、統計的に意味のある観測結果が偶然生じること。

関連 クラスター錯視（→214ページ）

誕生日が同じ人がクラスにいる確率

たまたま居合わせた2人の誕生日が一致する確率はどれくらいだと思うだろうか。

たとえば、クリスマスの12月25日生まれで一致する確率は $\frac{1}{365} \times \frac{1}{365}$ となり、100万分の1程度の確率になる。しかし、クリスマスと限定しない場合、これが365通りあるので確率は1000分の1程度に増える。たまたま居合わせたのが2人ではなく、30人であれば、確率はもっと上がる。**30人のクラスで誰かしら2人の誕生日が一致する確率は50%を超える**。たまたま同じ誕生日の人がクラスにいる確率は思いのほか高い。

これがわかれば、たまたま誕生日が同じだったからといって、相手や誕生日に特別な意味を持とうとは思わないだろう。

しかし、こうした決して低確率ではないにもかかわらず、奇跡的な一致に見えてしまう現象が、物理実験などでも発生するのだ。何か意味のあるシグナルを探して繰り返し実験を行う場合、これと同じメカニズムで、**たまたま特定の条件のデータの頻度が高くなってしまうこと**がある。このような現象を、**どこでも効果**という。

このとき、偶然起きた出来事であるにもかかわらず、物理的に意味のあるデータとして勘違いしてしまう恐れがあるのだ。

ヒッグス粒子の発見

このどこでも効果を説明するうえで、**ヒッグス粒子**の発見を題材に説明しよう。

2012年、CERNという大型加速器の実験データから、ヒッグス粒子の存在が確かめられ、2013年に異例の早さでノーベル物理学賞が授与された。ヒッグス粒子とはなんだろうか。

物質を構成する要素には分子や原子があるが、最小の要素は電子、陽子、中性子と考えられており、それらは素粒子と呼ばれている。そしてなんと、この素粒子は本来質量を持たなかったらしい。しかし、素粒子から構成されているこの世の物質は、みんな質量を持つはずだ。すると、なぜ物質は質量を持つのだろうか？　という疑問が生まれる。

ちなみに、質量を持たない素粒子は、みんな光速で移動してしまい、停止できない。その素粒子の集積ともいえる我々が静かにベッドで横になれるのも、友人と椅子に腰掛けて語り合えるのも、質量のおかげなのだ。

そんな疑問や矛盾の一部に答えるのが、ヒッグス粒子だ。

質量は、宇宙の始まりには存在しておらず、ビッグバンの直後の100億分の1秒後に生まれたと考えられている。宇宙誕生の瞬間の高エネルギー状態において、素粒子とヒッグス粒子との激しい衝突から質量が発生したと考えられている。

その初期宇宙で質量が発生した状況を再現する実験装置が加速器である。加速器は素粒子を光の速度で移動させ、別の素粒子と衝突させる装置だ。ヒッグス粒子を直接観測することはできないので、ヒッグス粒子が壊

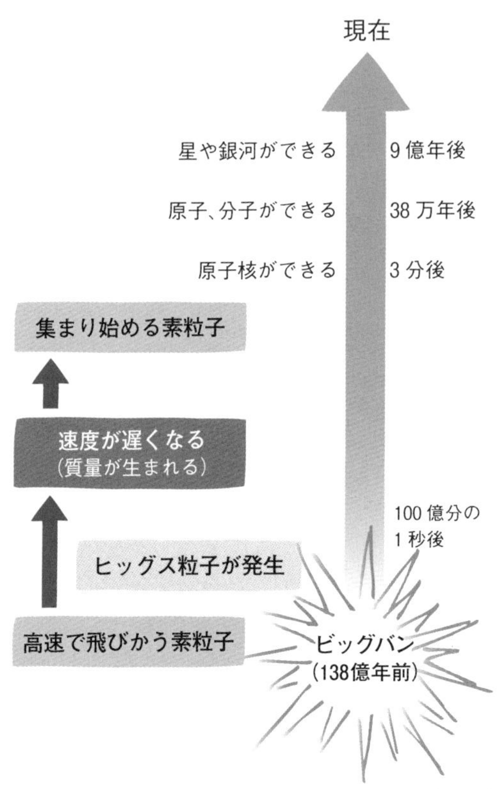

2013年10月9日「日本経済新聞」朝刊の解説を基に作成。

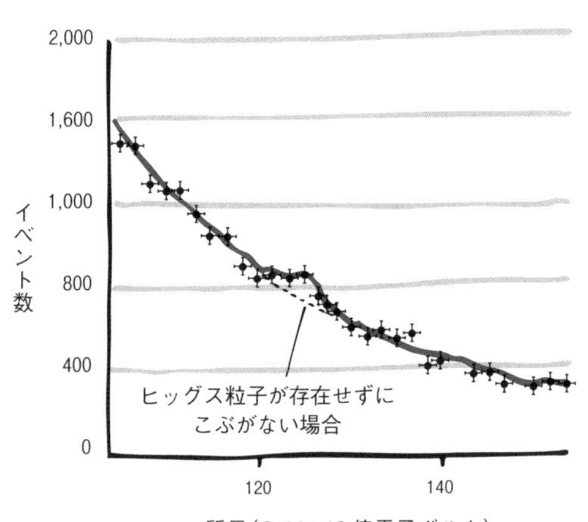

れた後に出てきた素粒子を観察する。どんな種類の粒子が、どれくらいのエネルギーで、どの方向に飛ぶか、その反応からヒッグス粒子の痕跡を探すのだ。

このとき、$E = mc^2$を使う。これはアインシュタインが**特殊相対性理論**から導いた有名な方程式だ。Eはエネルギー、mは質量、cは光の速度を意味する。アインシュタインは、質量がエネルギーと等価であることを説明したのだ。この式を使えば、ヒッグス粒子が壊れて出てきた素粒子の運動量から、ヒッグス粒子の質量を逆算することができる。

得られたデータのモデル図が左のグラフだ。ヒッグス粒子は125GeVの質量を持つが、グラフではその位置で小さなコブが発生している。これがヒッグス粒子のシグナルだ。

しかし、これはどこでも効果による、誤信号かもしれない可能性があった。ヒッグス粒子の崩壊はなかなか発生しないため、どうしても大きなシグナルとして検出できない。物理学者は、本当に信頼性を持ってヒッグス粒子が存在するといえる状態になるまで、途方もない試行回数の実験を行ってきた。**途方もない人類の叡智の堆積と、世界中の人員、国際的な予算、これらを使ってようやく証明に辿り着くことができたのが、ヒッグス粒子**なのだ。

ヒッグス粒子の存在は世紀の発見だが、これで宇宙の秘密がわかってしまったわけではまったくない。今、物理学で説明や観測ができている物質は5%程度であるといわれており、この世界には説明できない95%の物質で満ちているといわれている。これらを**暗黒物質（ダークマター）**と呼ぶ。

今後も、無限の宇宙の神秘が解き明かされるのを待っているといえる。

「偶然」を「奇跡」「運命」と思いがちでは？

これまで、こんな状況で運命や奇跡を感じたことはないだろうか。たとえば、「旅行先で、知人と遭遇した」「中学校のときに好きだった同級生と同じ職場になった」など。日常生活では膨大な数の出来事が発生しており、こういった驚く偶然が起きるのも、どこでも効果によるものである。

意味ありげな偶然の一致のことを「シンクロニシティ」と呼ぶこともあるが、昨今では「奇跡」とか「運命」「引き寄せ」といった言葉で、その神秘性がクローズアップされている。もちろん、そうした奇跡に胸をときめかせたり、人生に希望を見いだして前向きに生きることには良い面もあるだろう。しかし、単なる偶然を奇跡と思い込むことで、人生の大きな判断を誤る可能性があることも心得ておきたい。

参考文献

Geoff Brumfiel『ヒッグス粒子の発見と今後』Natureダイジェスト: 9、2012年。
東京大学／高エネルギー加速器研究機構／ATLAS日本グループ『LHC実験の最新成果』記者会見資料、2011年。
竹内薫『ヒッグス粒子と宇宙創成』日本経済新聞出版（日経プレミアシリーズ）、2012年。

ランダムな現象に意味を求めた結果、とんちんかんな結論が生まれることも…。

クラスター錯視

Clustering Illusion

意 味 ランダムな現象であるにもかかわらず、規則性を見いだすこと

関 連 どこでも効果(→210ページ)

ランダムな現象は案外ランダムに見えない

好きな数字をいくつか選んで、その組み合わせで当選が決まる宝くじがある。この当選番号を見てみると、意外と連続した数字があったり、ある桁の数字に集中していることが多い。

また、じゃんけんやコイン投げで、ずっと勝ち続けた場合、ラッキーだと感じるだろう。何か運が向いているのかもしれない、神様がチャンスをくれているのかもしれない……と。そして、そろそろ負けるのではないか、次あたりは裏が出るのではないかと思う。なぜなら、物事がランダムに発生するなら、こんなに偏ったことは起きないはずだと考えるからだ。

しかし、この感覚は正しくない。**人間が考えるランダムと、自然が起こすランダムは様相が異なる**のだ。

次に示す画像は、水の中に小さな光る粒子を分散させ、カメラで撮影したものである。粒子は完全にランダムに水中に分散している。粒子がまば

らなエリアと、密なエリアがあることがわかるだろう。このように、自然界で発生するランダムパターンは、粗密（まばらなところや、細かな部分が混在している様子）がない状態ではない。

水中にばらまいた粒子の蛍光画像

コインを20回投げたとき、どちらかの面が4回連続して出る確率は50%だという。しかし、**群れや塊（クラスター）、筋や線などを見いだすと、これがランダムな現象と思えなくなり、ここに何らかの意味があると考えようとしてしまうこと**がある。これを、**クラスター錯視**という。

いろいろなクラスター錯視

さまざまなクラスター錯視の例を紹介しよう。

第二次世界大戦におけるV1飛行爆弾の落下地点が、クラスター状になっていることを見いだした研究がある。これにより、攻撃の規則性についてさまざまな考察がなされた。しかし、後にランダムな攻撃であることが明らかになった。

また、株式市場の予測に、パターンを見いだそうとする試みは多いが、基本的に何らかの事情がない限りは株式相場の変動はランダムである。

また、成功した企業の条件を調べたときに、意外なほどに共通した特徴が見つかることがある。そして、これが企業の成功の秘訣だとわかった気になってしまう（生存者バイアスも影響する）。しかし、クラスター錯視の観点でいえば、それもランダムに発生した偶然である可能性があるのだ。

これらは典型的なクラスター錯視に陥った例といえるだろう。一方、単

純にクラスター錯視と断言できない事象もあるようだ。

バスケットボールなどの試合で、シュートを連続して決めている状態を**ホットハンド**という。流れが来ている状態と認識される。ホットハンド現象が本当にあるのか、クラスター錯視に基づく勘違いであるかは、これまで論争があった。当初はランダムな現象の中で偶発的に起きていると考えられており、これを**ホットハンドの誤謬**と呼んでいた。

しかし、近年の研究では、**シュートの成功には選手の精神面での影響が関わってくるので、完全にランダムな現象ではなく、わずかなホットハンド現象が存在する**と考えられている（Gilovich et al., 1985）。

テキサスの狙撃兵の誤謬

アメリカのジョークを紹介しよう。

あるテキサスの狙撃兵は、たくさん銃を打って壁に穴をあけた。その中で、弾痕が集中しているエリアを丸で囲み、的に高い確率で狙撃できているように見せかけたという。このように**実際には存在しないところにパターンを読み取ること**を**テキサスの狙撃兵の誤謬**といい、クラスター錯視と関連してよく言及される。

こういった誤謬による認知バイアスは、政治や科学の面でも起きる。

たとえば、ある病気はランダムに発生するが、クラスター錯視からもわかるように、それは一見粗密のあるパターンで発生する。ここから、病気にかかった人が多く見える集団を取り出し、患者らの環境や生活習慣を調べ、無意味であるにもかかわらず病気の原因を探すことがある。

あるアメリカの科学者によれば、**がん患者の集団に関する数多の研究のうち、明らかながんの環境要因を、統計的な説得力を持って示したものは存在しない**とまでいっている。複雑な要素を持った人間から、発がん物質の影響を特定することは容易ではないのだ（Gawande, 1999）。

逆にいえば、原発事故の放射性物質や、ワクチン接種などによって自分に悪影響が起きたと感じたときに、第三者に因果関係を示すためには、統計的な説得力をもつ事例になるまではなかなか社会にわかってもらえないことになる。

テキサスの狙撃兵の誤謬

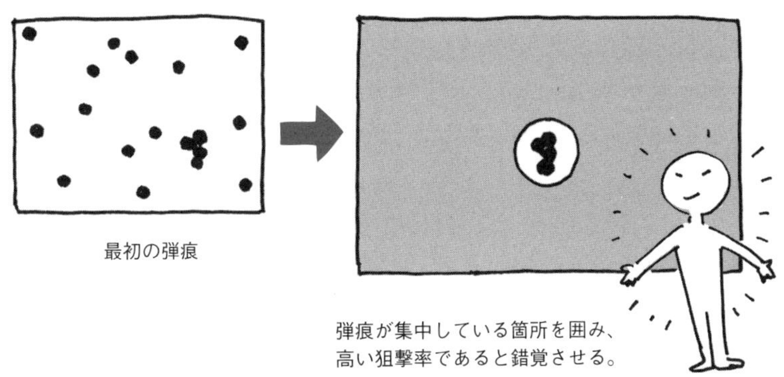

最初の弾痕
弾痕が集中している箇所を囲み、
高い狙撃率であると錯覚させる。

参考文献

Atul Gawande, "The Cancer-Cluster Myth," The New Yorker, 34-37, 8th Feb. 1999.

Thomas Gilovich et al., "The Hot Hand in Basketball: On the Misperception of Random Sequences," Cognitive Psychology, 17, 295–314, 1985.

Daniel Kahneman and Amos Tversky, "Subjective Probability: A Judgment of Representativeness," Cognitive Psychology: 3, 430–454, 1972.

中野信子『脳はどこまでコントロールできるか?』ベストセラーズ（ベスト新書）、2014年。

未来のスーパースターは目立つグループの中にいる?

カテゴリーサイズバイアス

Category Size Bias

意味 ある事柄について、同じ確率で起きることでも、数の多い集団のほうにより発生の期待をしてしまうこと。

関連 比率バイアス(→226ページ)

確率判断はそのカテゴリーに左右される

1920年にロシア領にあった農場が、戦争の結果ポーランド領となったことがあった。このとき、「これからここはロシアではないから、もう厳しい冬に耐える必要はないぞ」というジョークが農夫の間ではやったという。国境線が変わっただけで、農場は変わらず同じ場所にあるのだが、領土が変わっただけで寒い場所であるイメージが減退するわけだ。

このように、本質は変わっていないのに、所属するカテゴリーが変化することで、本質そのものも変化したように見える場面は多い。

○×クイズをしたとき、より人数が多い側に所属していると安心した経験はないだろうか。しかし、正解は多数決で決まるわけではない。

株式を買おうとするとき、有名なセクターや東証一部などの企業こそが良いと思って買う。

犯罪者が多いというステレオタイプに属した国籍を持つ人が逮捕されれ

ば、より有罪になる確率が高いと感じる。

このように、**含有されたカテゴリーの属性に影響を受け、特定の事象がより起こりそうだと判断すること**を、カテゴリーサイズバイアスという。

実験により確認されたカテゴリーサイズバイアス

カテゴリーサイズバイアスは、たとえ確率が同じ場合でも起きる。

ある研究で、223人の参加者に次のような簡単なくじをやってもらった(Isaac & Brough, 2014)。

くじにはAとBの2種類があり、それぞれ15個のボールが入っている。くじAは赤5個、グレー5個、白5個のボールが入っている。くじBは赤2個、グレー11個、白2個のボールが入っている。

色とは無関係に、この中には同数のアタリのボールが入っている。グレーのボールを引いた場合、より当たりやすいのはどちらのくじか?

グレーボールを引いた場合、くじAとくじBでは
どちらがアタリが出る可能性が高いか?

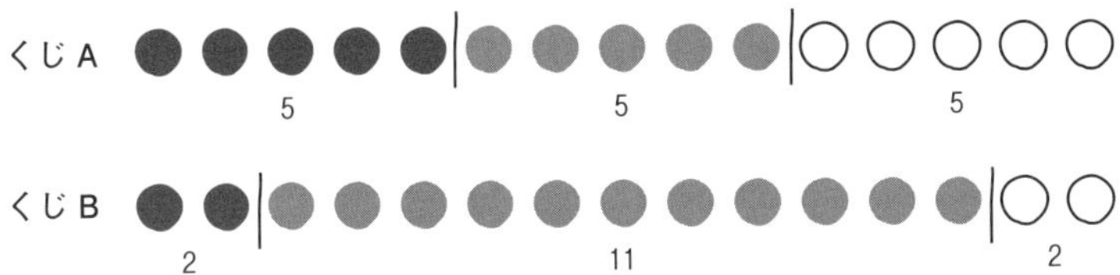

すると、くじAである特定のグレーのボールが当たる確率よりも、くじBのグレーのボールがより当たりやすいと感じたのだ。

確かに、くじBでボールの区別をつけなければグレーが出る確率は高い。くじBでは、グレーの比率が高いからだ。しかし、ある1つのボールに着目すれば、選ばれる確率はすべて等しいのだが、くじBのグレーの数が多いだけで個々が選ばれる確率も上がるように錯覚されてしまうのだ。

この心理を投資にも当てはめて考えてみよう。

ある銘柄が最も企業数の多いセクターに属している場合、そうでない銘柄に比べて株価が上昇するように錯覚しやすいということになる。

カテゴリーサイズバイアスの利用

人間が何らかの仕事や義務をこなす場合、**タスクリストのボリュームの多寡によって実行率が変化しやすい**といわれている。

パソコンのウイルスやハッキングなどの脅威に対して、個人の行動がどれほどの対策を講じるかを調査した実験を見てみよう。

まず、「ポップアップブロッカーを使う」「パスワードを頻繁に変更する」などの9項目のタスクリストを渡す。そして、被験者にはこの9項目のタスクを目的に応じて7項目と2項目の2つのカテゴリーに分類してもらう（たとえば、「仕事の効率化」と「不正アクセスの脅威からの防衛」などのカテゴリー）。そしてそれぞれの項目を3カ月実践してもらう。

結果、被験者は2項目ではなく、7項目のタスクがあるカテゴリーにより取り組む傾向があったのだ。

この行動の理由は何だろうか。それは、リストの数が少ない場合よりも、多い場合のほうが、よりウイルスなどの脅威に対処しやすいと感じるためだ。**カテゴリーの作成と、それぞれのタスクのサイズを変えることで、長期にわたる行動をコントロールする可能性がある**わけだ。

学歴社会が根強く残っている理由とは？

くじの例でもわかるように、我々は小さなグループから選ぶよりも、大きなグループから選ぶことにより心理的な安全を感じる。しかし、確率の観点でいえばこれは完全に誤りだ。

履修科目や進路を選ぶときも、人気の専攻や分野を選ぶことがあるだろう。それが安全だと思ってしまうからだ。だからといって、個人の社会での成功確率が高まるわけではないことに注意したい。

それでもなお、受験や就職活動において、なぜより偏差値の高い大学や人気企業に入ろうとするのか、という疑問への回答の1つはここにある。

日常において、学歴・権威社会について公に口に出されたり、あからさまな差別や優遇に遭遇することはめったにないが、確かに学歴社会的な要素はこっそりと存在しつづけている。これは、**学歴社会はカテゴリーサイズバイアスによって本能的に人間に根付いたものであるからともいえる。「望ましい」集団の一員になれば、望ましい資質を備えていると他者に思わせることができるから**だ。

無名な中小企業などは、コンソーシアム（共同企業体）を形成することでブランド・イメージを劇的に高めることができると指摘されている。

カテゴリーサイズバイアスは可能な限り世渡りを楽にするための戦略に使う一方で、カテゴリーの有利な属性に甘んじることなく、個人の実力や特性は必ずしもそのカテゴリーを反映しないことをよく認識し、個々の実力を高めることが望ましい。

参考文献

Mathew Isaac and Aaron Brough, "Judging a Part by the Size of Its Whole: The Category Size Bias in Probability Judgments," Journal of Consumer Research: 41, 310-325, 2014.

Hannah Perfecto et al., "The Category Size Bias: A Mere Misunderstanding," Judgment and Decision Making: 13, 170–184, 2018.

意思決定や無意識の行動に影響を与えている「区切り」の力。

単位バイアス

Unit Bias

意味	1単位としてまとめられているものを最適な分量であると安易に考えること。
関連	

単位が我々の行動に与える影響

「万歩計を確認したら9534歩だった。1万歩になるまで歩こう」

「そろそろ就寝時間だけど、読んでいる本の第2章が終わるまで残り数十ページ。そこまで読んでから寝るか……」

似たような経験をした人は多いはずだ。このように、**人間はタスクをこなしているとき、単位を意識して完了するまで続けたり、あるいは途中でやめたりする傾向がある。**これを**単位バイアス**という。

単位バイアスにより、本来ならやめてもいいことを続けたり、続けてもいいことをやめてしまうのだ。

ダイエットと単位バイアス

ダイエットを成功させるためには、食欲のコントロールが必須だが、満腹を感じるかどうかは必ずしも食べる量によらないという研究が複数存在するので紹介したい。

プレッツェルを被験者に食べてもらう実験を行った。被験者を2つのグループに分け、1つ目のグループではプレッツェル1つをそのまま提供し、2つ目のグループには半分にして提供した。そして好きなだけ食べていいと指示し、どの程度食べるか観察した。

プレッツェルの実験

量は半分でも、一皿食べたことで満足感が生まれる。

結果、被験者は提供されたプレッツェルを1皿だけ食べる傾向があった。つまり、プレッツェルを半分に切った場合、そのまま提供した場合と比べて総消費量が半分程度になったのだ（Geier, 2006）。

人は食べ物を量やカロリーではなく、個数として認識し、その単位をもとにして消費する傾向があるのだ。

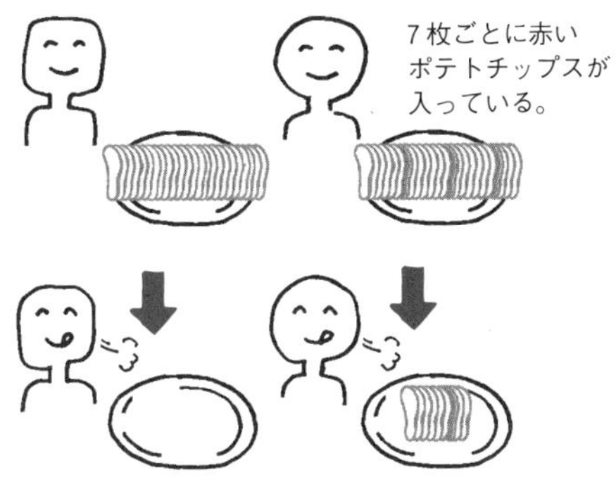
7枚ごとに赤い
ポテトチップスが
入っている。

ポテトチップスの実験

赤いポテトチップスが入った場合、食べる量が少なかった。

別の実験では、ポテトチップスが入った筒を被験者に与えた。1つのグループは普通のポテトチップス、もう1つは7枚ごとに赤色に着色されたポテトチップスが入ったものを渡し、好きなだけ食べていいと指示する。すると、赤いポテトチップスが入ったものを食べた被験者は、より食べる量が少なくなった。これは、赤いポテトチップスによって単位を意識することになった結果、食べる量に、より意識的になったからだと考えられている（Geier, 2012）。

無限スープが知らしめた食べる量と満腹感の関係

単位と満足度の関係をより鮮明に印象付けたのが、イグノーベル賞を受賞した有名な「無限スープ皿の実験」だ（Geier et al., 2006）。

この実験では、被験者をBMI（肥満度）によって分け、半分には普通の皿でスープを食べてもらう。もう一方のグループにはスープの底がチューブとつながっており、どんなに食べてもスープが増える仕掛けをした皿で食べてもらう。そして、食後に満腹度を答えてもらう。

結果、スープが増えていく皿で食べた被験者は、普通の皿で食べた被験者よりも73%も多くスープを飲んだのだ。ところが、普通の皿を使った被験者と満腹度は大きく変わらなかった（Wansink, 2006）。

この結果は、人は皿の上に食べ物があればあるほど、食べてしまうことを示している。すなわち、**食べる量は胃の容量によって決まっているわけではなく、視覚情報や脳の認知の影響を受けている**のだ。これは単位バイアスにも関連するといえる。一皿のスープを飲もうと思い、実際そう認知していると、満腹感も一皿のスープとほとんど同じになる。

無限スープ実験に見る満腹感のカラクリ

・無限スープの皿は普通の皿より1.5倍以上スープを飲んでしまう
・満腹感はいずれもほぼ同じ。

満腹感は食べた量ではなく、見た目の単位が影響している？

それはさておき、ダイエットをしようと思ったら、お皿に少なくよそって食べたり、小さく切り分けて食べることが有効だといえる。

仮想通貨と単位バイアス

2021年、「柴犬コイン」という仮想通貨が当初の50万倍の値段に膨れ上がったことで注目を集めた。柴犬コインは、柴犬が好きな人がつくったミームコインと呼ばれるもので、ジョークの要素が強い存在だった。この価格高騰も単位バイアスが少なからず影響していると指摘されている。

たとえば、2022年9月の時点ではビットコインは283万円であるのに対し、柴犬コインは0.00169円である。ビットコインを1コイン買うお金があれば、柴犬コインを16億コイン買えるわけだ。これがお得に感じる心理、すなわち単位バイアスが柴犬コインを高騰させた1つの要因と考えられている。

一方で、柴犬コインを扱う企業の時価総額が低いことから、急激な高騰の後には、投資家がこれ以上上がらないと判断し手放したため、急激な下落を見せた。

投資を行う際は、価格だけに注目してはいけない。価格の安い仮想通貨を大量購入することは、表面的な満足感を覚えたり、ひょっとするととんでもない利益を生む瞬間があるかもしれない。しかし、この価格はバブルにすぎない可能性が高いのだ。その通貨を扱う会社の資産分析を行い、発行株数あたりの価値を試算することが不可欠だ。

参考文献

Andrew Geier et al., “Unit Bias: A New Heuristic That Helps Explain the Effect of Portion Size on Food Intake,” Psychological Science: 17, 521-525, 2006.

Andrew Geier et al., “Red Potato Chips: Segmentation Cues Can Substantially Decrease Food Intake,” Health Psychology: 31, 398-401, 2012.

Brian Wansink, “Mindless Eating: Why We Eat More Than We Think,” Bantam, 2006.

林昭志『アメリカの著名な食行動心理学研究者の論文撤回事件 および辞職事件と研究倫理』上田女子短期大学紀要、44、7-19、2021年。

お得なくじに見せたいときに提示すべきは、当選確率か、アタリの数か？

比率バイアス

Ratio Bias

意味　確率が同じであっても、10分の1より、1000分の1のほうがより可能性が高いと判断すること。

関連　カテゴリーサイズバイアス（→218ページ）、集団間比較の誤謬（→136ページ）

どちらのほうが得なのか、適切に選ぶのは難しい？

次のようなレンタルビデオのプランがあったとする。

① プランAでは週に7本、プランBでは9本借りることができる。
② プランAでは年間364本、プランBでは468本借りることができる。

月会費はプランAは1500円、プランBは1700円だとしよう。あなたはどちらを選ぶだろうか。

条件①と②は、1週間あたりか、1年あたりかで数字を等しい比率で変えているだけで、単位期間あたりに借りることができる本数は同じである。どちらも同じプランといってもいい。

しかし、このテストをすると、被験者は条件②のときによりプランBのほうを得に感じ，プランBを選択しやすくなるのだ。

同様に、1/10で当たるくじと95/1000で当たるくじがあるとする。この場合、確率は後者のくじのほうが低いにもかかわらず、後者のくじを選ぶ人が多くなる。理屈としては前者の確率が高いとわかっていたとしても、直感的な印象に従って後者を選択する人が存外に多くなる。つまり、人は実際の割合ではなく分子の大きさに注目する傾向があるのだ。

このように、**客観的な確率ではなく、絶対数の大きさに着目して判断する傾向**を、**比率バイアス**という。

チョコチップクッキーの実験

子どもの行動を対象にした比率バイアスの実験が行われている。

チョコチップクッキーが好きな子どもを集めて「クッキーくじ」の実験を行った。チョコレートチップクッキー1枚とオートミールクッキー19枚が入った瓶と、チョコレートチップクッキー10枚とオートミールクッキー190枚が入った瓶を用意し、子どもにクッキーをひいてもらう。そしてどちらの場合も、子どもは好みのタイプであるチョコチップクッキーを引き当てるように仕掛けをしてある。

被験者はその様子を見てもらい、子どもがクッキーを引く前にズルをし

どちらの子がズルしてる!?

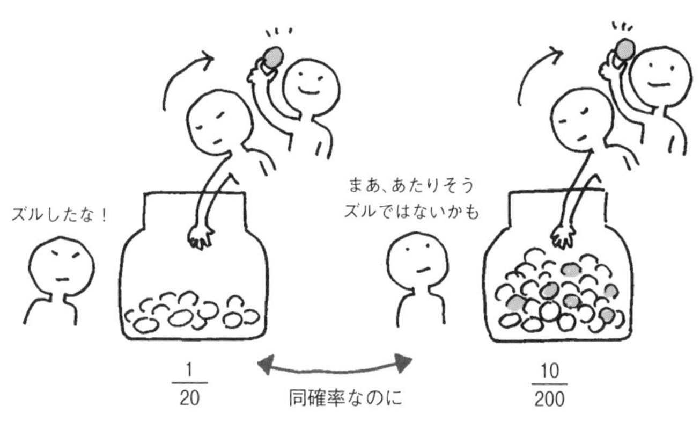
ズルしたな！
まあ、あたりそう
ズルではないかも
1/20
同確率なのに
10/200

て瓶の中を覗いたと思うか答えてもらう。すると、計20枚の瓶のほうが、計200枚の瓶よりも疑わしいと答える人が多くなった（Bourdin & Vetschera, 2018）。

つまり、チョコチップクッキーを引き当てる確率は同じなのに、被験者は枚数が少ない前者の瓶のほうが確率が低いはずだと感じたわけである。

病気の死亡率と比率バイアス

次の問いを直感で答えてほしい。

「100人中24.14人が死亡する病気」と「1万人中1286人が死亡する病気」では、どちらの病気のリスクが高いか。

結論を先にいえば、死亡率は前者は24.14％で後者は12.86％であり、後者のほうがリスクは低い。ところが、実験では後者のほうがより危険と感じられてしまうのだ（ここまで比率バイアスを解説してきたことから前者を選んだ読者は多かったかもしれない）。**比率バイアスはリスク判断に強い影響を与える**ことがわかるだろう（Yamagishi, 1997）。

すなわち、**リスクをより認識してほしいとき、くじをお得に見せたいときなどは、絶対数で表記するとよい**ことになる。客観的に同一の情報であっても、異なる表現で説明されると、意思決定が変化するフレーミング

病気 A
死亡者数

24.14人
100人

病病気 B
死亡者数

1286人
1万人

効果の一種であるともいえる。

逆にいえば、**我々は絶対数を提示されたときに、リスクを過剰に認識してしまう**ことに注意しなければならない。

たとえば、あるワクチンの副作用によって後遺症が残った人や、接種後に死亡した例が報道されたのを見て、ワクチンを打たない判断をすることがあるかもしれない。しかし、実際の件数ではなく、比率にも注目したい。それが、他のワクチンと比べてどの程度のリスクなのか、打たない場合と比較してどれほどのリスクなのかを知ってから判断できるとベストだろう。

比率バイアスの影響を受けやすい条件

確率が低いときほど、比率バイアスの影響を受けやすくなる。

また、比率バイアスは男性よりも女性のほうがより影響を受けやすい傾向が報告されている（参照した論文には理由は記されていない）。

そして興味深いことに、第三者効果（→198ページ）などとも共通するが、**自分の行動ではなく、他人の行動を推定する場合に、比率バイアスの効果はかなり強くなる。**多くの人が自分は他人よりも合理的であると考えているため、他人がより強い比率バイアスに基づいた判断をするだろうと感じるのだ（Bourdin & Vetschera, 2018）。

参考文献

David Bourdin and Rudolf Vetschera, "Factors Influencing the Ratio Bias," EURO Journal on Decision Processes: 6, 321–342, 2018.

Katherine Burson et al., "Six of One, Half Dozen of the Other: Expanding and Contracting Numerical Dimensions Produces Preference Reversals," Psychological Science: 20, 1074-1078, 2009.

Lee Kirkpatrick and Seymour Epstein "Cognitive-Experiential Self-Theory and Subjective Probability: Further Evidence for Two Conceptual Systems," Journal of Personality and Social Psychology: 63, 534–544, 1992.

Kimihiko Yamagishi, "When a 12.86% Mortality is More Dangerous Than 24.14%: Implications for Risk Communication," Applied Cognitive Psychology: 11, 495–506, 1997.

高橋昌一郎『感性の限界』講談社（講談社現代新書）、2012年。

世の中は目立つ人よりも目立たない人のほうが多数派である。

目立ちバイアス

Salience

意　味	目立つ項目や情報に焦点を当て、注意を引かないものは無視する傾向のこと。
関　連	利用可能性ヒューリスティック（→178ページ）

何があなたの独自性なのか？

就職活動、AO入試、婚活等々で、相手はあなたがどのように特別な人間なのかを聞いてくる。このために、自分のブランドを確立しなければとがんばってきた人は多いはずだ。学生時代に力を入れたこと、仕事でのユニークな経験、異性の心をつかむ独自の魅力を獲得しなければと思う。

このような文化は、人間が一貫して惹かれる**サリエンス**と呼ばれる心理に根ざしている。サリエンスとは、突起、突出、顕著な特徴という意味である。これは、脳が何かを判断する際に一番ストレスの少ない選択肢を好むため、わかりやすく目立つものに注意を向ける性質に由来している。

たとえば、竜巻や殺人など、鮮明で想像を掻き立てる死因に遭遇する確率を高く感じ、鮮明なイメージを描きにくい喘息などの死因は、たとえ発生頻度がはるかに高くても（アメリカで、喘息で死ぬ確率は、竜巻の約20倍である）、低く見積もられることが多い。

ある実験では、円になって観察者を座らせた中に2人の俳優を円の対極となる配置で座らせ、周囲の観察者と会話をさせた。この座席配置のため、ほとんどの観察者は片方の俳優の顔しか見ることができない。その結果、よりはっきりと顔が見えた俳優のほうが、会話をより鮮明に覚えている傾向があった。このように、**人は顕著に感じられる対象ほど認知が容易になる**傾向がある。

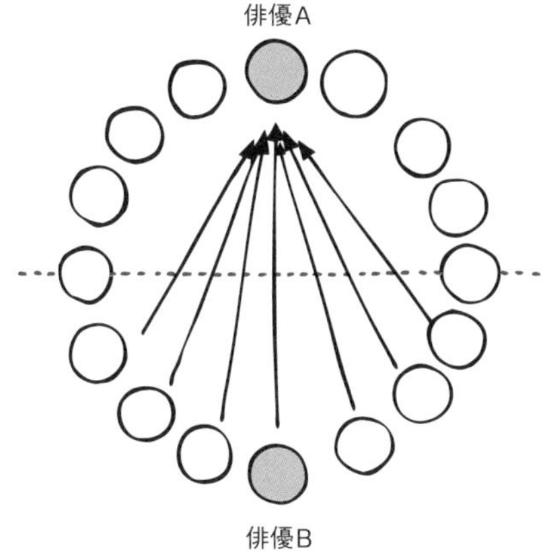

反対側にいる人のほうが、俳優Aがはっきり見えるので、会話を覚えやすい

目立ちバイアスの2つの問題点

目立ちバイアスの2つの問題点を指摘しておこう。

1つは、**目立つものを評価するとき、人はその要因を正確に分析しづらい**ことだ。

たとえば健康診断で「コレステロール値が高い」と診断されたとしよう。自分の場合は生活習慣ではなく、この問題を引き起こしたかもしれない遺伝的・環境的要因のせいにしやすい。一方、遠くの知人が同じ健康問題を抱えているという話を聞くと、その人の生活習慣が悪いせいだと考えやすく、より批判的になる。

また、知人が何か大きなことを成し遂げ、賞賛を受けたとする。すると、自分が知人よりも恵まれない環境にいるのなら、その成功の秘訣を特権によるものだと解釈しやすい。一方、自分が知人と同じようなバックグラウンドを持っている場合は、この人が目標に向かって努力したことをより評価する。

こうした他者の行為は内的要因に、自分の行為は外的要因に帰属すると考えてしまう傾向を**行為者-観察者バイアス**というが、これは目立ちバイアスによって引き起こされているといえる。

2つ目の問題点は、**目立ちバイアスに引きずられることで、他の重要な特徴を見逃してしまう**ことだ。

たとえば、採用担当者が急いで履歴書を読んでいると、出身大学や有名企業での経験にばかり注意して合否を決めようとするかもしれない。そのほかの素晴らしい経験や技術を持つ人を見逃してしまう可能性があるのだ。もっとも、多くの人は、このような形で目立ちバイアスが影響することを期待して、有名大学や有名企業へ所属しようとするわけだが。

目立つものが隠すもの、歪ませるもの

目立つものは注意を引き、記憶に残りやすいため、社会への影響も大きい。そのために、社会のひずみもまた顕在化しやすくなる。

たとえば、9月11日のニューヨークの同時多発テロ以降、飛行機ではなく陸路で移動する人が増えた。確率でいえば自動車のほうが危険であるにもかかわらず、テロリストのハイジャックを恐れるようになったからだ。その結果、その年の自動車事故は約1000件増加した（Gingerenzer, 2004）。

目立ちバイアスは、環境保護や気候変動緩和の取り組みにおいても、決定的な障害となりえる。東日本大震災に伴って発生した福島原発の事故は全世界に衝撃を与え、日本ではしばらく原発を稼働させることはとてもできない世論になった。確かに事故のリスクは大変なものだが、目立ちバイアスの影響を受けて気候変動緩和が後手になったことは否めない。

政治についても、目立つ政策が目にとまるので、ほかの目立たないが、重要な政策が支持を得られないことがある。

ハエをターゲットにせずにはいられない男性の心理

ここまで目立ちバイアスの負の側面にフォーカスしてきたが、その特性

を逆手に取って有効活用することができる。

アムステルダムのスキポール空港は、清掃員が1日に何度見回りを行っても、男性用小便器が非常に汚く使われることに頭を抱えていた。空港は、目立ちバイアスを利用してシンプルな方法で見事にこの問題を解決した。各便器にハエのイラストを設置したのだ。これにより、今まで外にこぼれていた尿が80％減ったそうだ（Evans, 2013）。

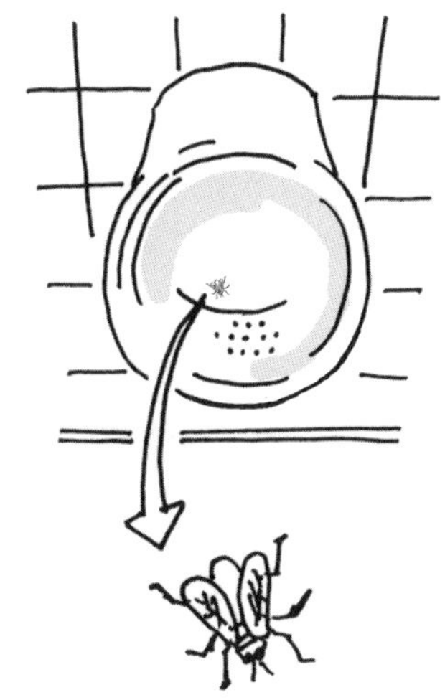

アムステルダムのスキポール空港の
男性用便器のイメージ。不潔な印象のあるハエは、
絶好のターゲットとして狙わずにはいられなくなる。

このように、目立ちバイアスによって自己管理を試みるシステムは注目されている（Tiefenbeck, 2018）。

ファイナンスアプリ：家計簿を一箇所に集め、通知を受け取り、支出と貯蓄を明確にすることで、頭の片隅に置いておける。

シャワーの使用量モニター：お湯を浴びているときに使用量をモニターすることで、水の消費量管理に役立つ。

カロリー表示：消費カロリーを抑えることに成功。

参考文献

Blake Evans-Pritchard, “Aiming to Reduce Cleaning Costs,” Works That Work, No.1, 2013.

Gerd Gigerenzer, “Dread Risk, September 11, and Fatal Traffic Accidents,” Psychological Science: 15, 286–287, 2004.

Verena Tiefenbeck et al., “Overcoming Salience Bias: How Real-Time Feedback Fosters Resource Conservation,” Management Science: 64, 1458-1476, 2018.

記憶の仕方で長い期間覚えられるかどうかが決まる。

理解レベル効果

Levels of Processing Effect

意　味	意味のある関連付けによって、より深く理解された情報が覚えやすいこと。
関　連	目立ちバイアス（→230ページ）

テストのために暗記をするのは、みな苦しい

私たちは学校の勉強でさまざまな事柄を暗記してきたわけだが、受験や試験が終わってから、数年後仕事で必要になったとき、何も覚えていなかったという経験は誰にでもあるだろう。

試験の直前になると詰め込み学習をして、大量の情報を暗記しようとする。しかし、これは短期的に記憶するのに役立つが、長期的な知識として定着させることは難しいことがわかっている。努力して覚えようとしたのに、いつか忘れてしまうのは虚しい。どうすればいいのだろうか？　このとき役に立つのが**理解レベル効果**だ（Craik & Lockhart, 1972）。

理解レベル効果は、**情報をどのように認識するかが、その情報の記憶の程度に影響すること**を指摘している。意味のある関連付けによって深いレベルで認識された情報は、より記憶に残りやすくなるのだ。

長期記憶と短期記憶の頭の中における概念図

よくわからないことは記憶もできない

これまで、難しくてよくわからないことを無理やり覚えようとしたことがあるだろう。

たとえば、数学の試験のためにとにかく公式と式展開を暗記する。まわりの人たちが難解と評判の教科書で勉強しているのを見て焦り、自分のレベルを超えた本で勉強しようとしたこともあるかもしれない。しかし、こうした勉強法は理解レベル効果の観点からいえば、かかるエネルギーが多大で苦しいのに、基本的に試験が終わった後はまったく定着させられない。しかも応用も効きにくいので、とてももったいない方法だ。

では、どうすべきか。理解レベル効果に期待して、情報を他の考えや知識と関連付けることによって、情報の意味を認識する必要がある。

今、勉強している事にはどんな応用例があるのか、どんなところに役に立つのか、歴史的にどんな意味があったのか、この一連の式展開はどういった目的があるのか、概要は何なのかを理解する必要があるのだ。

そもそも、「何がわからないかがわからない」という絶望的な場面では、プライドを捨てて、まずはやさしい、わかりやすいと評判の本や動画を見たり、評判の予備校の先生の講座を受講するといいだろう。概念や概要を理解したうえで、ステップアップしていこう。

より確実に覚えるための関連付けの方法

英単語や生物の名前、歴史上の人物や年代を暗記するときも、ゴロ合わせや語源を使って関連付けることで、長期記憶が可能になる。

そして、情報は感情に関連付けるとより定着しやすくなるという。このため、歴史や科学など、それらを取り扱った漫画やドラマなどを楽しむことも長期記憶につながる。

勉強だけではなく、日々増えていく知り合いの名前を忘れてしまうこともあるだろう。こういう場合も、単に名前を暗唱するだけではいつか忘れてしまうものだ。相手の名前を、その人が持っている趣味、会ったときの感情と関連付けると、より深いレベルで認知され、思い出しやすくなる。情報を自分の言葉に置き換え、ほかの人と話すのも良い。

また、図のように思い出したいもののイメージをつくり、視覚的に認知するのもオススメだ。

英語での生物の階級の覚え方

Dear King Phillip Came Over For Great Spaghetti
（親愛なるフィリップ王がすごいスパゲッティのためにやってきた）

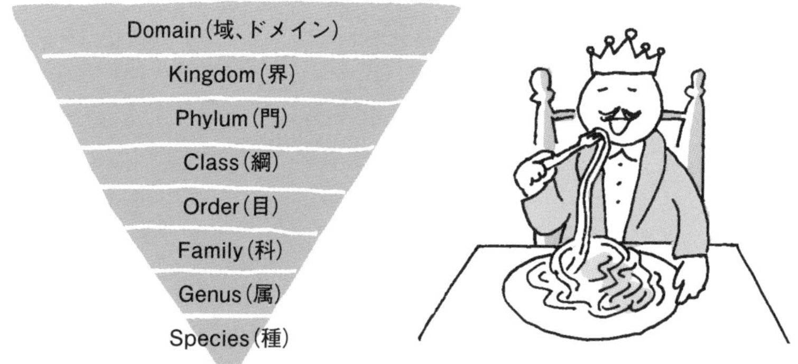

記憶力は若いときがピークか？

若いうちにいろいろ覚えておかないと、歳をとるとどんどん覚えられなくなるよ、などといわれたことがあるだろう。

しかし、近年の研究ではそんな流説を覆す報告が多々ある。前項のように、**意味ある関連付けを通して理解することを積み重ねていくと、まったく新しい情報であっても、歳を重ねるにつれて構築した情報のネットの中にひっかかりやすくなる**のだ。つまり、これにより、関連付けの連鎖がおき、理解と記憶が容易になる。脳の若さを失って単純な暗記力が減退しても、関連付けを使うことで記憶力を保つことができるのだ。

また、近年は**60代であっても20代と同等の記憶力や思考力をもつ「スーパーエイジャー」**の存在が注目されている（Gefen et al., 2014）。スーパーエイジャーは一般的に萎縮するはずの脳が萎縮せず、神経細胞ネットワークが20代と類似している。スーパーエイジャーになれるかどうかはさまざまな要因が関係するため、今後の研究が待たれるところではある。また、恐ろしいことに、歳をとるほど記憶力が衰えると信じている人ほど記憶力の低下は激しくなることが報告されている。

意味ある関連付けを積み重ねていけば、歳を重ねるごとに世界をより深く理解できるようになり、どんどん関連付けの能力が上がっていくと思ったらワクワクしないだろうか。歳を取るほどに広がる世界に喜びを感じながら勉強を重ねていけば、もしかしたらあなたもスーパーエイジャーになれるかもしれない。

参考文献

Fergus Craik and Robert Lockhart, “Levels of Processing: A Framework for Memory Research,” Journal of Verbal Learning and Verbal Behavior: 11, 671-684, 1972.
Tamar Gefen et al., “Longitudinal Neuropsychological Performance of Cognitive SuperAgers,” Journal of the American Geriatrics Society: 62, 1598-1600, 2014.
鈴木祐『不老長寿メソッド:死ぬまで若いは武器になる』かんき出版、2021年。

アンケート結果を歪にする、調査者と回答者に起こるさまざまな要因。

回答バイアス

Response Bias

意味 アンケート結果に影響を与えるさまざまな条件や要因。

関連 自己選択バイアス（→124ページ）、観察者効果（→250ページ）

中学生向け雑誌の恋愛経験に関するアンケート

中高時代にファッション誌を読んで、初めて彼氏や彼女ができた年齢、初めてキスをした年齢などのアンケート結果を見たことがあるだろうか。平均年齢14歳、「15歳はさすがに遅いよね」などの恐るべきコメントを見て、なるべく早く恋人を見つけて性行為を経験しないとかっこ悪いとあせった人はいるはずだ。

しかし、このアンケート結果は信用に足るものなのだろうか。確かに、この雑誌の恋人がいる読者の統計である点では正しいが、これはすべての中高生の統計ではないことに注意しなければならない。

このアンケートの回答者はすでに恋人を持った経験のある中学、高校生、かつこの雑誌の読者を対象にしている。これでは結果が“普通の中高生の実態”と大きくかけ離れるのは当然だ。このように、**アンケートの回答に影響を与えるさまざまな条件**を**回答バイアス**といい、ほとんどのアンケートは何らかの回答バイアスを内包しているといえる。意図的なものと偶発的なものがあり、アンケート結果は条件をよく見てから検討する必要がある。さまざまな回答バイアスに関連するバイアスを見ていこう。

自己選択バイアス

前項の恋愛のアンケートの回答者は、積極的に雑誌のアンケートに回答をしようとする恋愛に関心や積極性の高い中高生だ。このように、**調査協力を募る段階で、回答者タイプにバイアスが生じている**が、これを自己選択バイアスという。

同様に、政治や経済、科学、恋愛など、あらゆる調査の回答依頼をした際に、もともとそれらに関心のある人のほうが回答に協力する率が高くなるだろう。この場合、「科学に関心があるか？」という質問に対して関心があると答える人の割合は高くなり、自己選択バイアスがかかった結果が出てくることになる。

無回答バイアス

アンケートへ対する、**回答者と無回答者の経験や属性が大きく異なる場合に発生するバイアス**のことを、**無回答バイアス**という。

たとえば、ある政党や、特定の思想を支持する団体が行ったアンケートは、対立する思想をもつ人の無回答率が高まる傾向があることがわかっている。このためアンケートはその団体に好意的な結果に偏ることとなる。

一方、公的機関や大手マスメディアが実施する調査は、回答率が高くなる傾向がある。回答率が低すぎる場合、結果が世論全体であると論じることはできない。

極端な回答バイアス

極端な回答バイアスは、**回答者が極端な意見を持っていないにもかかわらず、極端な回答をしてしまう特性のこと**をいう。

このバイアスは、満足度調査などで最もよく見られる。

たとえば、経験、サービスの質、製品などを5点満点で評価するよう求められたとき、たとえそれが本当の気持ちではないとしても、中立の回答をするよりも、5や1と答える可能性のほうが高くなる。質問者を喜ばせたい気持ちや、質問文が原因で起こることが多い。

たとえば、「当社は顧客満足度5つ星ですが、いかがでしたか？」などという質問文は、極端な回答を引き出しやすくなるのだ。

中立的な回答バイアス

中立的な回答バイアスは、極端な回答バイアスの反対で、**回答者がすべての質問に対して、中立的な回答をしてしまうバイアス**である。これは**特に日本、中国、韓国などの東アジア人に多い特性**といわれている。

日本人に関しては、極端な意見を持つことを避け、集団に順応しようとする民族性の表れという指摘がある（田崎、2018）。

中立的な回答は、参加者がアンケートに興味がない、真剣に取り組んでいないなどの要因でも発生する。この場合、回答者はできるだけ早く質問に答える傾向がある。

インターネットコンテンツなどでも、広告の代わりにアンケートに答える場面が数多くある。あなたはこれに毎回真剣に答えているだろうか？

アンケートを実施する前に、アンケートの性質と対象者の性質を理解しておくことが重要だ。

回答バイアスの影響を防ぐには？

回答バイアスにはほかにもいろいろな回答スタイルが報告されており、興味がある人はぜひ参考文献を読んでみてほしい。

アンケート調査は企業が自社製品やサービスのアピール、政治的な主張を裏付けるために行われることがある。このときに、回答バイアスが働けば、そのデータは正しいとはいえなくなる。

自己選択バイアス

調査協力を募る段階で、
回答者の属性に偏りが生まれる

調査対象の年齢の割合

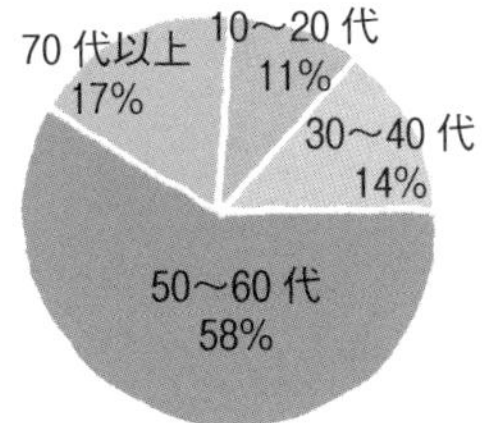
10〜20 代
11%
30〜40 代
14%
50〜60 代
58%
70 代以上
17%

無回答バイアス

回答者と無回答者の経験や属性が
大きく異なる場合に発生する

女性の社会的地位向上に
関するアンケートに
ご協力ください。
無視…

極端な回答バイアス

回答者が極端な意見を持っていないにも
かかわらず、極端な回答をしてしまう

もうすぐ、サッカーの
W 杯が開幕しますが、
サッカー日本代表に
興味はありますか？

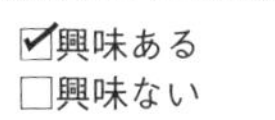
☑興味ある
□興味ない

そうか、もうすぐ
始まるんだ…

中立的な回答バイアス

回答者がすべての質問に対して、
中立的な回答をしてしまう

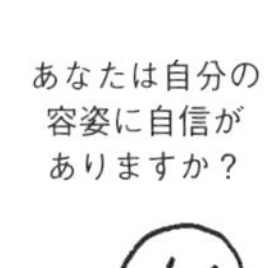
あなたは自分の
容姿に自信が
ありますか？

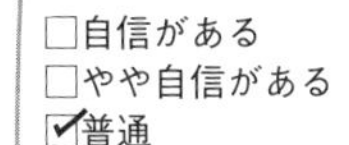
□自信がある
□やや自信がある
☑普通
□あまり自信がない
□まったく自信がない

ま、まあ
まあ…？

アンケート結果を見るときは、どんな組織が実施しているのか、アンケート項目、手法、調査対象者をチェックすることで、信憑性を確認したい。公正な調査ではこれらがきちんと提示されている。

参考文献

学研総合研究所『中学生白書Web版』2017年。
田崎勝也／申知元『日本人の回答バイアス』心理学研究、88、32-42、2018年。
谷口将紀『インターネット調査におけるバイアス国勢調査・面接調査を利用した比較検討』NIRA総合研究開発機構 研究報告書、2022年。

数式が複雑で意味不明なほど、「スゴい」と思ってしまう心の動き。

ナンセンスな数式効果

Nonsense Math Effect

意味　文の中に数式が入っていると、それが無意味なものであっても権威的に感じてしまうこと。

関連

数式を使いこなせる人はすごく見える？

漫画や映画に出てくる天才科学者が、黒板に数式を書きなぐり、「そうか……そういうことか……わかったぞ！」などと絶叫するようなシーンを一度は見たことがあるのではないか。

あの式にはすごい情報が秘められており、一般人には想像もつかない天才ならではの思考回路を助け、言葉では表せない理解や発見が得られるのだろうと思えてくる。しかし、そんなふうに「なんてクールなんだ！」と感じた人は注意してほしい。言うまでもないかもしれないが、ほとんどのドラマのこういったシーンでは、適当に教科書からパクってきた式を書いている。

数学の社会における位置付け

ほとんどの人は、数学の本格的な勉強は中学か高校までだ。大学で数学科を選ばない限り、そのあとは補助的に使用するか、まったく使用しない人もいるだろう。数学に対して、苦手意識がなく、抵抗なく理解しているという人は少ないはずだ。

しかし、それが共通の認識ではないことを利用する人がいる。

純粋数学の分野では、意味が不明瞭な文章や数式は許されない。しかし、他の学問分野ではそうとは限らない。**数理物理学者ソーカルは、意図的に曖昧で無意味な論文を書き、著名な研究誌に投稿し、編集者に採用された**ことで注目された（**ソーカル事件**）（高橋、2010）。

この事実は、研究発表の経験豊かな読者でさえも、ある数式を理解せずに、受け流してしまう人がいることを示している。このように、研究の質の判断は、著者の名声や著者の所属機関など、研究そのもの以外の手がかりに影響されることが知られている。

ナンセンスな数式効果

いかに数学や数式が、人の認知に影響を与えるか調べた研究がある。

さまざまな分野の研究経験者を募り、優れた学術雑誌に掲載された2つのアブストラクト（論文の概要）を提示し、そこに記載された研究の質を判断するよう求めた。2つのうち、ランダムに選ばれた1つのアブストラクトには、まったく関係のない論文から引用され、文脈上意味をなさない方程式が追加される操作がされている。

では、2つのアブストラクトのうち、どちらの質が高いと判断されたのか？　結果は、本来であれば研究の質を低下させるはずの理解不能な数式が含まれたアブストラクトの質を、参加者はより高く評価したのである。

このバイアスは、数学、科学技術の分野の学位を持っている人には起きず、それ以外の人に多く見られた。このように、**数学になじみがない場合、無意味な数式に対して批判的な評価はできないこと**を**ナンセンスな数式効果**という（Eriksson, 2012）。

また、ある専門知識が、無関係な分野に紛れ込んだときに読者に与える影響を調べた似た例がある。心理学的現象の説明文に、まったく無関係な神経科学の情報を入れた場合の影響を調べた。

その結果、専門知識を持たない者は、無関係な情報を含む説明のほうが、より良い説明文であると判断した。一方、神経科学の専門家は、無関係な神経科学が含まれる場合、説明の満足度は変わらないか、むしろ低く評価した（Weisberg et al., 2008）。

以上の結果を鑑みると、数学と神経科学は、専門家でない人たちから、必要以上に畏敬の念を持たれているのかもしれない。

人は自分が理解していないものには、それがどの分野であろうと常に感銘を受ける傾向があることが知られており、これを**グル効果**と呼ぶ。この心理は、他人へのマウンティングや、悪徳なセールス、フェイクニュース、政治や政策にも使われることがあるだろう。また、他国の文化などを過剰に良いものと感じてしまう傾向にも通じる（Sperber, 2010）。

「はい、論破！」はこうして生まれる

ダニング＝クルーガー効果によれば、能力の低い人ほど根拠のない自信を持ち、物事をわかった気になる傾向がある。

無知な人が理解の曖昧な専門用語をまくし立て、謙虚な人を論破した気になっている場面はネット等でよく見られる。これは**グル効果の影響を受けやすい謙虚な層と、ダニング＝クルーガー効果の影響を受けやすい無知な層が一緒になった場合に起きる対立構造**といえる。こうして、声が大きいだけの無知な人間が発言力を持つようになるわけだ。

グル効果とダニング＝クルーガー効果の残念な対話

数式とは、数学者や物理学者の間で議論が分かれることではあるが、基本的に現象を厳密に表現するための言語である。

しかし、その難しさに圧倒されることもあるだろう。

数学は一朝一夕でできるようになるものではないだろう。しかし、わからないときにこそ、神秘性を感じすぎないようにしたい。もちろん簡単にわかった気になるのもよくないが……。

参考文献

Kimmmo Eriksson, " The nonsense math effect," Judgment and Decision Making: 7, 746-749, 2012.

Alan Sokal, "Transgressing the Boundaries: Towards a Transformative Hermeneutics of Quantum Gravity," Social Text: 46/47, 217–252, 1996.

Dan Sperber, "The Guru effect," Review of Philosophy and Psychology: 1, 583–592, 2010.

Deena Weisberg et al., "The Seductive Allure of Neuroscience Explanations," Journal of Cognitive Neuroscience: 20, 470–477, 2008.

高橋昌一郎『知性の限界』講談社（講談社現代新書）、2010年

量子力学において現在も研究者を悩まし続ける未解決問題。

計測効果

Measurement Effect

意味 観察するという行為が現象に影響すること。

関連

温度を計測することさえも案外難しい

温度はとても身近な物理量だ。体温計や気温計はよく使うし、赤外線計測カメラの計測画像をテレビで見たことはよくあるだろう。センサーをつないで当てさえすれば、温度は簡単に計測できる気がしてくる。しかし、物体の気になる部分の温度を0.1℃の誤差もなく計測することは意外と難しい。

体温計を腋の下に入れた後、しばらく待つ必要がある。これは、体温計の中の温度センサー自体にもともとの熱量があるからだ。冬場であれば温度計は体温より低いので、体温と温度計の温度が同じになるまで熱が移動するのを待たなくてはいけない。

話がややこしいのは、特に小さい領域で、激しく温度が変化する現象を測りたいときだ。

たとえばエンジンの中の温度を測りたいとする。これは、効率の良いエンジンをつくるうえで重要だ。このとき、温度センサーをエンジンの中に入れればいいだけだと思うかもしれないが、エンジンの中は急激な温度上昇と低下が極短時間に起きる。すると、温度センサーはこの温度変化を完全に追いきれないのだ。温度センサーそのものが体積・質量をもつため、温まるまで、冷えるまでに、どうしても時間遅れが生じるし、センサーの存在が現象を変えてしまう。完全無欠な正しい温度を計測するのはほとんど不可能なのだ。このように、**計測によって現象が変わること**を**計測効果**という。

温度に限らず、計測効果はあらゆる計測で起きるため、正しいデータを取るためにはこれに十分留意する必要がある。

コンピュータにおける計測効果

コンピュータでも計測効果と呼ばれる現象がある。

たとえば、ある処理の実行中に、その処理の進行状況などを表示させたり、履歴を保存する場合、この観察行為は処理そのものに影響を与え、低速になってしまう。

また、プログラムの実行中に処理ファイルを見れば、出入力エラーが生じて処理が停止することもある。

コンピュータの負荷現況を確認すること自体が負荷を与えている
=
計測効果

光は波動なのか？　粒子なのか？

光とは一体何なのだろうか。水のように、どんどん小さな視点で見ていくと、分子の粒として認識できるのだろうか。これについてたくさんの科学者が考え、長い激しい論争があった。

電子や分子の粒よりも小さい物体や光子は、とても奇妙な、人間の想像力では不可解に思える性質を持つことがわかっている。光は粒子であり、同時に波動でもあるように振る舞う。これを量子力学的な振る舞いと呼んでいる。

この不思議な性質を観察できるとてもシンプルな実験が**二重スリット実験**だ。光源、2つの穴が空いたスリット、スクリーンを用意し、光源からの光がスリットを通過してスクリーンに映る光を観察する。この実験は波動性および粒子性という相反する性質を持つ光の、下記と図のような不思議な現象を科学者たちに見せつけ、今も悩ませつづけている。

- 二重スリットに光を当てると、スクリーンに干渉縞（かんしょうじま）という縞模様が現れる。つまり、光は波動であると考えられる。
- 一方、アインシュタインによって発見された光の粒子性に基づいて、二重スリットに光子（光の粒）銃で1粒ずつ繰り返し当てていくと、光を当てたときのように干渉縞が現れる。1粒ずつ当てているのに、なぜ干渉縞ができるかは謎。
- 二重スリットを通る光子を観察すると、不思議なことに干渉縞が出なくなる。

私たちが見ているかどうかで、量子はふるまいを変えるのである。これこそが、量子力学において現在も人々を悩まし続ける計測効果だ。

こんなにシンプルな現象の裏に、こんなにも神秘的な、未解決の問題がある。

二重スリット実験の不思議

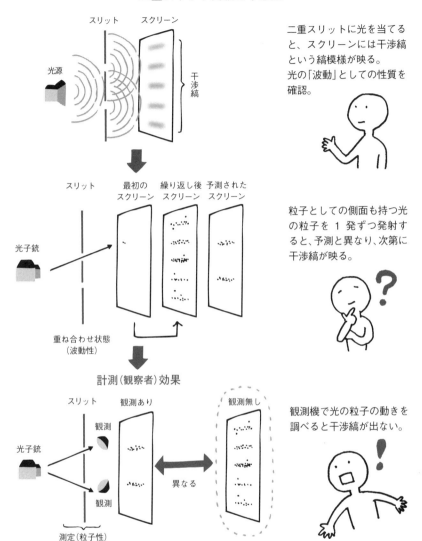

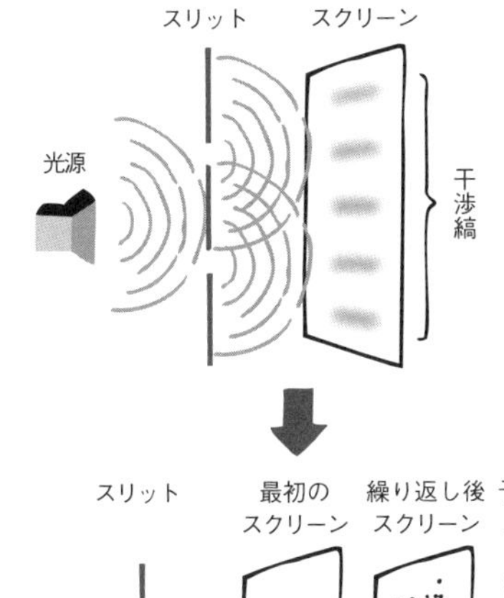

二重スリットに光を当てると、スクリーンには干渉縞という縞模様が映る。
光の「波動」としての性質を確認。

スリット
最初のスクリーン
繰り返し後スクリーン
予測されたスクリーン
光子銃
重ね合わせ状態
(波動性)

粒子としての側面も持つ光の粒子を 1 発ずつ発射すると、予測と異なり、次第に干渉縞が映る。

計測(観察者)効果

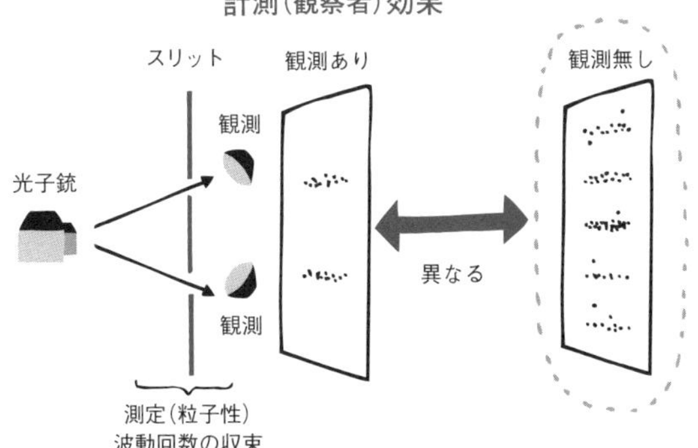

観測機で光の粒子の動きを調べると干渉縞が出ない。

参考文献

Anil Ananthaswamy, "Through Two Doors at Once: The Elegant Experiment that Captures the Enigma of our Quantum Reality," Duckworth, 2020.[アニル・アナンサスワーミー(藤田貢崇訳)『二重スリット実験』白揚社、2021年。]

高橋昌一郎『理性の限界』講談社(講談社現代新書)、2008年。

何かを観察したいという強い欲求は、対象を別の姿にしてしまう。

観察者効果

Observer Effect

意味 観察するという行為が人の行為に影響すること。

関連 計測効果（→246ページ）

授業参観のときの先生はいつもの先生か？

小学校での授業参観日、先生はいつもよりきれいな格好をし、にこやかで、気合いの入った授業をしていなかっただろうか。このように、**誰かに見られている状況で、人の心理や行動が変わること**を**観察者効果**という。

これは社会実験などにおいても同様のことが起きる可能性があり、その場合、結果は事実を反映しないので実験は失敗となる。

ホーソン効果とマイクロマネジメント

アメリカのイリノイ州にあるホーソン工場で、労働者の生産性を向上させるための条件を探る実験が行われた。このときの1つに、照明の明るさをさまざまに変えて生産性との関係が調査された。結果、すべての光量で生産性が同じくらい上昇したのである。照明を暗くしても、休憩時間や給与を悪いほうに変更しても生産性は向上した（Bloombaum, 1983）。

なぜかはもうおわかりだろう。労働者は、実験の調査員に見られているために真剣に仕事に取り組んだのだ。このように、人は注目を浴びると相手の期待に応えようとする傾向があるのだ。そして従業員の意欲や、仕事への満足度は賃金や労働時間ではなく、職場の人間関係などに対する感情に大きな影響を受けることが明らかになった。人は、誰かに見られているとき、期待に応えよう、よく見てもらおうとするのである。

一方で、**従業員を厳しく監視・管理すること**を**マイクロマネジメント**といい、これは従業員の士気や生産性を下げることで問題視されている。従業員にとってではなく、管理者の不安を解消するために管理や監視を行うと、**ホーソン効果**は得られずマイクロマネジメントになってしまう。

働く人にとって人間関係の悪化の心配がなく、安心できる状態のことを、近年では**「心理的安全性」**という。グーグルは**生産性が高い組織は心理的安全性が高い**という研究結果を発表している（Edmondson, 2018）。

ホーソン効果の利用

1人で勉強するよりも、図書館やカフェでより集中できたことはないだろうか。これもホーソン効果といえる。人とのつながりの中で生産性が向上するのは人間の普遍的な性質であり、積極的に利用したいところだ。

ディズニーランドやスターバックスなどは、アルバイトスタッフの高度な接客サービスが注目されている。スターバックスは賃金が目に見えて高いわけではないにもかかわらず、高水準の接客やサービスを安定的に提供し、一過性のブームで終わらない成長を続けている。これらの企業では、**ホーソン効果を効果的に利用した教育システムが構築されている**からだ。

たとえば、スタッフ同士で良い点を見つけ、褒めあうことが推奨されており、このためのメッセージカードが用意されている。このカードを既定の数集めると正式に表彰される仕組みがある。良い人間関係の中で、お互いをよく見ていることが仕事の生産性に関わるのである（草地、2017）。

学校や会社では、その規模の大きさゆえに、個人の存在が埋もれてしまうことが少なくない。観察者効果は、「あなたの貢献は重要です」というメッセージが、卓越した環境を育むことを示唆している。これは仕事選びや子育てなどでも考慮に入れたい事実だ。

犯罪の抑制にも効果的

一方、不良行為を抑制することにも観察者効果は利用できる。1980年代半ば、ニューヨークの地下鉄で犯罪が多発し、全米で最も危険な公共交通機関の1つとなった。

そこで、交通局は犯罪学者に指示を仰いだところ、暴行や強盗に対処する代わりに、荒らしや料金詐欺師を徹底的に追及する方針をとった。軽犯罪者を一貫して逮捕、起訴することで、交通局はすべての犯罪者に「地下鉄は監視されている」というメッセージを発したのである。その結果、ニューヨークの地下鉄での凶悪犯罪はわずか数年で大幅に減少した。

アンケートと観察者効果

科学計測における観察者効果では、観察により現象が変化することを紹介したが、社会実験や調査においても、同様の注意が必要だ。

たとえば、100人の人に喫煙者か非喫煙者かを尋ねるアンケートを考えてみよう。20人が「はい」と答え、80人が「いいえ」と答えたとすると、参加者の中に喫煙者がいる確率は20%だ。回答者は、自分が喫煙者であることを正しく認識しているはずなので、信頼できる結果である。

ここで、同じ人に原子力利用に賛成か反対かを尋ね、30人が賛成と答えたとする。このとき、この30%という確率は果たして世論を反映しているといえるのだろうか。この結果には注意しなければならない。なぜなら、多くの回答者は、事前に原子力問題についてきちんとした意見を持っているとは限らないからだ。

光は粒子であると同時に波動でもあるが、観察の仕方によってどちらかに姿を変える。同様に、社会における意見も、本来回答者があいまいに考えていたことについて、回答を要されることで、見かけの意見が形成される。すなわち、**観測が行われる前は潜在的な性質にすぎなかったものが、観測によって歪(いびつ)な形で可視化される**のである。このため、多くのアンケートでは「どちらでもない・わからない」などの選択肢も用意されている。2択のアンケートは、恣意的な結果を得たい意図があるかもしれず、したがって現実を必ずしも反映しなくなることに注意したい。

世界は複雑でありどんなに正確に実験をしようとしても曖昧な要素を捨てきることはできない。このため何かを観察したいという欲求があまりにも強い場合、個人が信じたいことを信じてしまったり、実際には存在しないものを観察してしまうことがあることを心得ておこう。

参考文献

Milton Bloombaum, "The Hawthorne Experiments. A Critique and Reanalysis," Sociological Perspectives: 26, 71-88, 1983.

草地真『なぜスターバックスは日本で成功できたのか』ぱる出版、2017年。

Amy Edmondson, "The Fearless Organization: Creating Psychological Safety in the Workplace for Learning, Innovation, and Growth," Wiley, 2018.[エイミー・エドモンドソン(野津智子訳)『恐れのない組織』英治出版、2021年。]

哲学的な見地からも、人は究極的にバイアスのない状態にはなりえない。

素朴実在論

Naïve Realism

意味 世界は自分の眼に見えたままに存在しているという考え方。

関連

本当にそこに世界は存在するのか？

テレビを見ていたら、東京タワーが画面に映っていたとする。

東京タワーは画面の上に存在するだろうか？　もちろん、東京タワーはディスプレイの上ではなく東京都港区に存在する。では、テレビの画面に映っている東京タワーは一体なんだろうか？

そんなの、画面に映っている映像にすぎないと笑うかもしれない。しかし、それと同様のことが今見ている世界にもいえる。今見えている世界と自分の位置関係は、実存する東京タワーをディスプレイ越しに見ている場合と同様に、時間的・空間的に距離があるところに存在している可能性があるのではないか？

我々が知覚するイメージと、実在の空間は必ずしも一致しない。たとえば床に落ちているごみを、硬貨だと勘違いするように。

このように、**知覚イメージと実在する世界の間には隔たりがあると考え**

る哲学的な概念を**二元論**という。

ピンとこないかもしれないのでアナロジーで説明すると、夢の中の自分と、夢を見ている自分を考えてみよう。夢を見ている本当の自分は、ベッドの中で寝ている。夢の中でどんな場所に行こうとしても、ベッドの中で寝ている自分から飛び出すことができない。となると、今、覚醒して見ている世界も、夢と同様かもしれないのだ。

デカルトは、このように悪魔が自分を騙しているかもしれないと考えた。そして、仮にすべてが夢の世界の出来事であったとしても、この自分が世界を疑っているという行為そのものは疑えないという結論に至った。それをデカルトは「我思う、ゆえに我あり」と表現した。

このように、二元論は精神と物質という2つの要素で世界が構成されるという考え方である。そして、精神を重視する文化系と、物質を重視する理科系の枠組みができたといえる。

二元論と素朴実在論の関係性とは？

二元論に対して、**見える世界を疑わず、見えたままに存在しているとする考え方**を**素朴実在論**という。素朴実在論は、最も人間にとって普通の感覚であり、特に多くの子どもが持っている世界に感じる基本的な認識である。科学や物理学も、素朴実在論のもとに世界を認識している。現代のスタンダードな世界のとらえ方であり、観測と論理的推論によって真理に到達できるとし、それができないものの存在を支持しない傾向にある。

この考えは、精神現象を含むあらゆる現象を自然科学で説明することを支持しようとする（科学で世界を説明しようとする考えを、自然主義という）。そして、意識や自己という概念そのものが脳が見せる幻想であるとする。

たとえば、ある生物学者は人間は遺伝子に操られているという。肉体を、遺伝子に操作されている乗り物だと考えるのだ。自己が存在することへの欲求、愛でさえも、遺伝子が増えるために付与された肉体の機能ととらえる。こうした考えをさみしいと思う人もいるのではないだろうか。

素朴実在論
あっちに
水たまりがある！
二元論
水たまりに見えるけど、
きっと蜃気楼だろう
見えたものを
そのまま認識する。
見えたものをそのまま実在するとは考えず、
別の何かである可能性も考える。

一方、実存（人をただの肉としてとらえず、自我をもつ個人が確かに存在すると考えること）こそが優先されるものだという考え方もある。

素朴実在論は、二元論などを支持する哲学者に批判されてきた。しかし、こっそりと科学者が弾圧などに耐えながら、この思想は生き残ってきた。**現代の理系研究者は素朴実在論を受け継いでいる**といえる。

では、知覚が実在を表すのならば、幻覚や錯覚はどういう意味をもつのだろうか。素朴実在論がいつも成立するのならば、幻覚もまた実存の世界の一部に組み込まれることになる。

しかし、そのようには認識しないことが普通だろう。つまり、**人間は正しく実存を認識できているときは素朴実在論的に考え、現実と知覚イメージが異なるとき（幻覚・勘違い）は、二元論的に考えている**といえる。

新実在論とは何か？

2000年代より話題になっているのが、**新実在論**である（岡本、2016）。

Aさんが静岡にいて、富士山をみている。私は山梨にいて、やはり富士山を見ている。素朴実在論では、ここに存在するのは私が見る富士山だけである。二元論の立場では、富士山と、その富士山の知覚イメージを持つ自分が認識される。

それに対し新実在論は、少なくとも、3つの対象が存在すると考える。①富士山、②静岡からAさんがみた見た富士山、③山梨から自分が見た富士山、である。さらに、富士山を見ているときに心から湧き上がってくる感慨も、実在すると考える。新実在論は、**物理的な存在だけでなく、存在しないものとして批判されてきた精神活動や、空想、幻覚の存在さえも認める**とするのである。

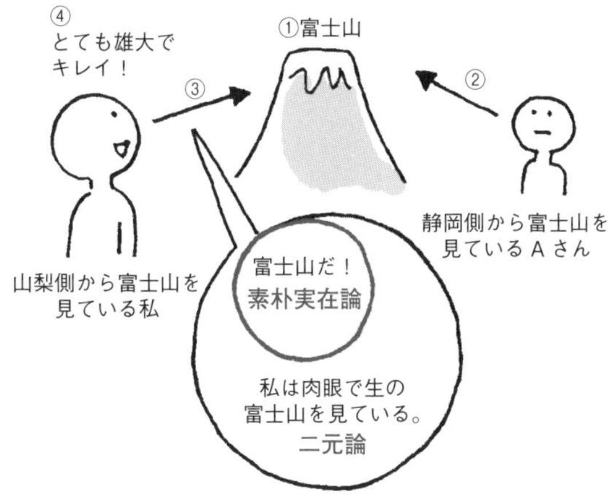

①富士山
②
③
④
とても雄大で
キレイ！
静岡側から富士山を
見ているAさん
山梨側から富士山を
見ている私
富士山だ！
素朴実在論
私は肉眼で生の
富士山を見ている。
二元論

新実在論では、①～④すべてを「実在する」と考える。

現在主流である自然主義は、観測される物理現象やモノだけが信じられる。しかし、心が幻であると心から信じるならば、悲惨な人生であっても、残虐に殺されても、どうでもよいという話になる。もちろん、自然主義的な考えの持ち主であっても、殺人や非人道的行為が許されないと考えることが多いのは、人は心を完全に幻だと考えておらず、複数の基準で世界をとらえているからだろう。

究極的にどのように世界をとらえるべきかについて、多くの哲学者が論争を重ねてきた。しかし、正解はなく、人は状況に応じて考え方を取捨選択しながら行動する。**哲学的な見地からも、人は究極的にバイアスのない状態にはなりえない**といえよう。

参考文献

岡本裕一朗『いま世界の哲学者が考えていること』ダイヤモンド社、2016 年。
高橋昌一郎『自己分析論』光文社（光文社新書）、2020年。
高橋昌一郎『20世紀論争史』光文社（光文社新書）、2021年。
西垣通『AI原論 神の支配と人間の自由』講談社（講談社選書メチエ）、2018年。
野矢茂樹『心という難問:空間・身体・意味』講談社、2016年。

索　引

凡例：この索引は「監修者まえがき」「本文」に現れた、主な事項名や人名を見出し語にしています。ただし、原則として「目次」「意味」「関連項目」「各見出し」「各部・各節のリード文」「図版」「参考文献」は除いています。なお、「各節見出し」については、その範囲のページ数を記しています（編集部作成）。

ABC 順

数字

あ行

か行

さ行

た行

な行

は行

ま行

や行

ら行

わ行

著者　情報文化研究所（米田紘康／竹村祐亮／石井慶子）

「情報文化論および関連諸領域に関する研究の推進と交流」を目的として1996年に発足した情報文化研究会を基盤に2018年に設立。新進気鋭の研究者や多彩な分野で活躍している社会人も幅広く所属し、活発な議論や提言を行っている。所長は、高橋昌一郎。

本書を執筆した情報文化研究所所属の研究者3人の現職と研究テーマは、次のとおりである。

米田紘康（第I部執筆）
桃山学院大学准教授。専門は行動経済学、神経経済学。人間が不確実性な状況におかれたとき、どのように意思決定するのかを研究している。また行動経済学を社会実装し、問題解決に貢献するナッジに関心がある。

竹村祐亮（第II部執筆）
同志社大学特別研究員。専門は空間統計学。ある疾病による死亡といった事象が周囲と比べて多く発生する地域（ホットスポット）を特定するための手法を研究テーマとしている。

石井慶子（第III部執筆）
青山学院大学助教。専門は熱流体工学、可視化計測など。未利用熱のリサイクル法や、熱物質輸送に興味があり、持続可能・省エネルギーなものづくり技術の開発を目指している。

監修者　高橋昌一郎

1959年生まれ。國學院大學教授。専門は、論理学・科学哲学。主要著書に『理性の限界』『知性の限界』『感性の限界』『フォン・ノイマンの哲学』『ゲーデルの哲学』（以上、講談社現代新書）、『20世紀論争史』『自己分析論』『反オカルト論』（以上、光文社新書）、『愛の論理学』（角川新書）、『東大生の論理』（ちくま新書）、『小林秀雄の哲学』（朝日新書）、『哲学ディベート』（NHKブックス）、『ノイマン・ゲーデル・チューリング』（筑摩選書）、『科学哲学のすすめ』（丸善）などがある。情報文化研究所所長、Japan Skeptics副会長。

情報を正しく選択するための
認知バイアス事典 行動経済学・統計学・情報学 編

2023年 1月 3日　初版発行

著　者	情報文化研究所（米田紘康／竹村祐亮／石井慶子）
監修者	高橋昌一郎
発行者	太田宏
発行所	フォレスト出版株式会社
	〒162-0824
	東京都新宿区揚場町2-18白宝ビル7F
電　話	03-5229-5750（営業）
	03-5229-5757（編集）
URL	http://www.forestpub.co.jp
印刷・製本	萩原印刷株式会社

ISBN978-4-86680-210-7　Printed in Japan